「贈与」を使って相続税を0《ゼロ》にする8つの方法

税理士●坂本千

贈与税・相続税大改正！
「知らない」あなたは確実に損をする

あっぷる出版社

まえがき——お金持ちのものだけではなくなった相続税

もともと相続税が変わるというお話は平成22年の12月に、今回の改正とほぼ同じ内容のものが「平成23年度税制改正大綱」として公表されたのが最初でした。

しかし、その平成23年度はねじれ国会や大震災の影響で、結局は、法案は棚上げになり、続く平成24年度税制改正でも、実施は見送られました。そして、今回、「ようやく」というか、「とうとう」というか、ともかく、法案が成立したというわけです。

相続税といえば、今までは一部のお金持ちだけが払わされる税金で、一般庶民とは縁もゆかりもないものというのがおおかたのとらえ方でした。実際、年間の死亡者数に対する相続税申告書の提出割合は平成13年に4・7％となって以来、ずっと4％台をキープしたままで、平成23年度はついに4・1％まで落ち込んでいました。

100人に4人ですから、多くの方々にとってはまさに他人事です。

「相続税？　そんなものは我々一般庶民に何の関係もない話さ！」ですんでいたというわ

けです……今までは。

それが今回の改正で大きく変わります。

財務省の試算によると、相続税申告書の提出割合は現在の4％からその1・5倍にあたる6％に増えると予想されています。しかも、これはあくまで全国平均での話です。東京国税局管内（東京都・千葉県・神奈川県・山梨県の4都県を管轄）に限っていえば、平成23年の時点ですでに申告書の提出割合は6・9％に達しています。さらに東京23区にしぼってみると10％を超える地域も珍しくなくなっています。

これに今回の税制改正が適用になれば、さらに大幅な相続税の納税者の増加が予想されるというわけです。たとえば、

・一部上場企業に勤める部長クラスの方々

・都心の一等地にある持ち家に古くから住んでいる方々

こういった比較的裕福ではあっても、今までなら相続税の対象となるほどではなかった層の方々までもが、そう安穏とはしていられなくなってしまうというわけです。

本書は、今回の改正の内容を踏まえ、そういった将来の相続税予備軍の方々に、今が旬の相続税・贈与税のことをしっかりと理解していただき、せっかく築いた財産をなるべく

スムーズに次世代に継いでいただきたいとの思いから企画されました。

そこで本書では相続税をより身近なものに感じていただくために、ある架空の家族に登場願うことにしました。

主役は都内の一部上場企業に勤める山田次郎さん（60歳）です。

次郎さんには3歳年上の兄・一郎さんがいますが、一郎さんは今、地元福岡で父・太郎さんから引継いだ建設会社の代表をしています。その父は3年前に亡くなり、今年83歳になる母・花子さんは兄の家のすぐ近くに今、ひとりで住んでいます。次郎さんと兄とは決して仲が良いとはいえません。

実は3年前に父が亡くなった時、財産の分割をめぐって兄弟の仲が険悪になったことがあったからです。

その時は母親が何とかふたりをとりなして事なきを得たものの、もちろん、完全に火種が消えたわけではありません。いずれ母親に万が一のことが起こった時は果たしてどうなるものか……。

こういったどこにでもいる家族、どこにでも起こり得る様々な問題を中心に本書は進んで行きます。

どうか、読者の皆様は、これから起こる出来事のひとつひとつを自分の身に置き換えながら本書を読み進めていっていただきたいと思います。
それでは物語のスタートです！

著　者

CONTENTS

2章

〝相続〟を知らないあなたは確実に損をする！

CONTENTS

3章

「贈与」を使って相続税をゼロにする8つの方法

4章 贈与をするなら必ずおさえておきたい6つのポイント

5章 あなたの財産はこれで守れる！節税対策「3つの矢」

CONTENTS

1章

課税対象者が大幅増！
お金持のものだけでなくなった

さて、この本は「まえがき」でもお話しした様に、都内の一部上場企業に勤める山田次郎さんを軸に話が進んで行きます。

その次郎さんは今年60歳、最近、新聞や雑誌で、

「相続税・贈与税が大きく変わる！」

だとか、

「相続税対象者が大幅に増加する！」

といった記事をよく見かけることもあって、相続のことが気になって仕方ありません。

加えて、次郎さん自身、3年前に父親が亡くなった際にその財産をめぐって実の兄と少々険悪な事態になった経験があるだけになおさらです。

というわけで次郎さんは、知り合いに頼んで、ある税理士さんを紹介してもらうことにしました。

今日は、その税理士さんから今回の税制改正について色々と話を聞くことになっています。
（注）各改正内容の適用開始時期は図解に示した通りであり、それまでは従前の規定が適用されますのでご注意ください。

●山田家　相続人等の関係図

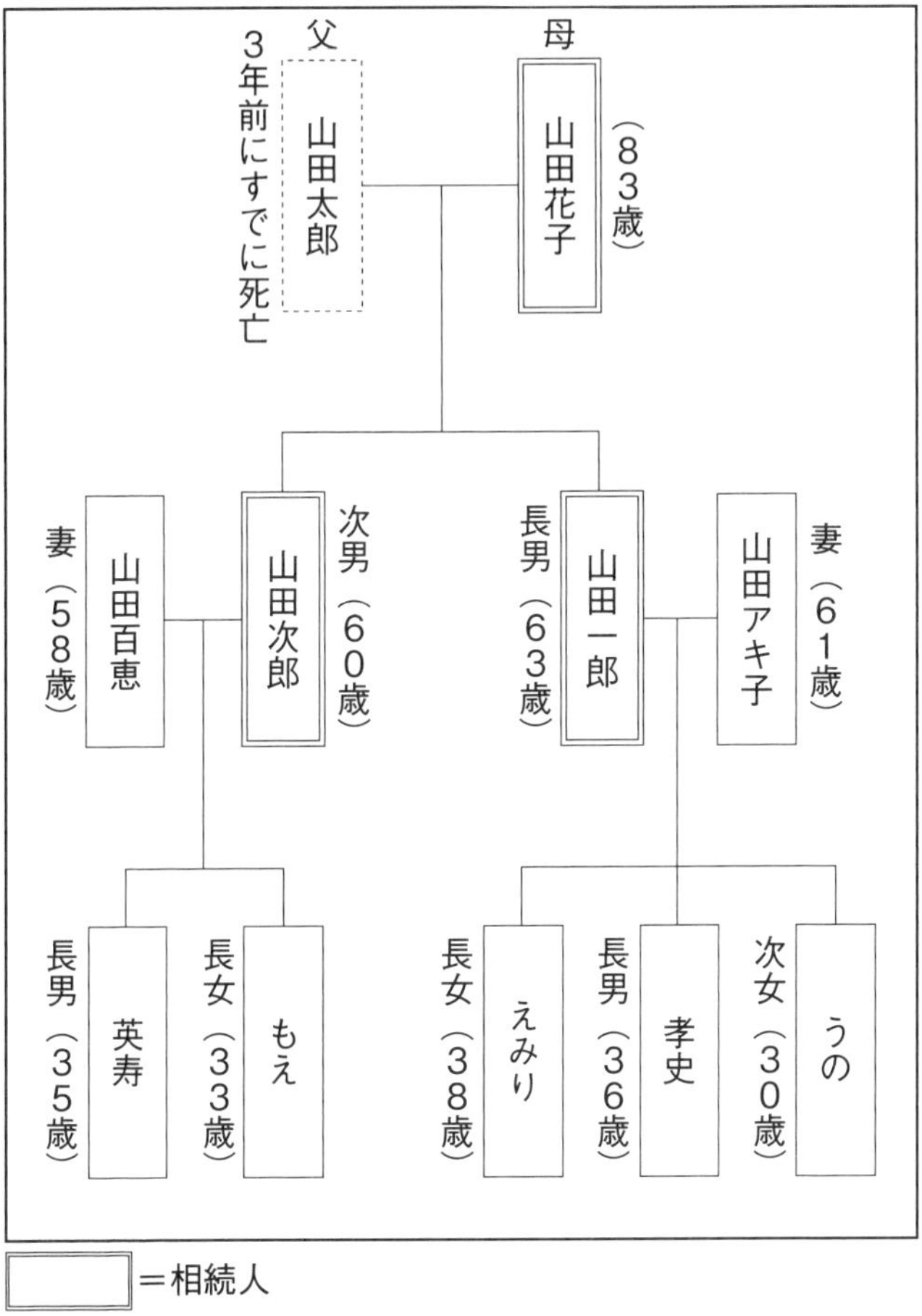

「基礎控除額」40%引き下げ。相続税・贈与税改正の〝衝撃〟

次　郎「先ずはよく目にする『基礎控除額の引き下げ』について教えてもらえますか？」

税理士「わかりました。今回の相続税改正の一番の目玉は何といってもこの基礎控除額の引き下げです。

で、これがいっぺんに4割も下げられてしまいます。基礎控除額というのは相続税がかからない財産の安全ラインのことですから、これだけ大幅な引き下げは山田さんの様な方にとって影響はすごく大きいですね。

改正前と改正後の基礎控除額を算式で示すと、

【改正前】５０００万円＋１０００万円×法定相続人の数＝基礎控除額

【改正後】３０００万円＋６００万円×法定相続人の数＝基礎控除額

となります。

「法定相続人」というのは、簡単にいうと、「残された家族」のことです。

たとえば、山田さんのお母様に万が一のことが起こった場合、法定相続人は山田さんと

お兄様の一郎さんのふたりですから、

【改正前】５０００万円＋１０００万円×２人＝７０００万円

【改正後】３０００万円＋６００万円×２人＝４２００万円

となるわけです。

また、山田さんご自身に万が一のことが起こった場合は、法定相続人は奥様とお子様ふたりの計３人となりますから、

【改正前】５０００万円＋１０００万円×３人＝８０００万円

【改正後】３０００万円＋６００万円×３人＝４８００万円

となるわけです。

どうですか？　それぞれ２８００万円、３２００万円と大きく課税最低限のレベルが引き下げられていますね。

都心の一等地にちょっとした土地を持っていたら、相続税の申告が必要になる可能性が高いっていわれる理由はここにあるんですね」

次　郎「……」

財産2億円超の人は相続税率引き上げの影響は大！

次　郎「それから相続税の税率も何だか大きく上がるって話がありますね」

税理士「ええ、『相続税の最高税率　50％から55％へアップ！』みたいな話ですね。確かに相続税の税率表を見ると、財産の価格が2億円を超えると今までの40％から45％へ、さらに6億円を超えると50％から55％へアップと書いてありますね。

でも、実は相続税の対象になる様な方の中でも、今回の税率アップの対象になる方っていうのはきわめて少数派ということが言えるんですね。

どういうことかというと、相続税というのは、相続財産を実際にどう分けるかとは関係なく、いったん法定相続人が法定相続分通りに分けたと仮定して計算することになっているんですね。

たとえば、山田さんのお母様に相続が発生した時に、長男の一郎さんが全財産を相続するってことになっても、いったんはその財産を兄弟2人で2分の1ずつ、つまり法定相続分で分けたと仮定して税金を計算します。

相続税の税率は「超過累進税率」といって、財産価格が高くなればなるほど高い税率が適用される構造になっていますから、誰かが財産を独り占めしても、これをみんなで分けたってことにすれば、それぞれには低い税率が適用されて、それを合計しても、結果として税金は安くなるというわけなんですね（もちろん、税金を納めるのは実際に財産を取得した人だけですけどね）。

で、さっき「財産の価格」が一定額を超えると税率が○％上がるって話をしましたけど、あの「財産の価格」は、正確には「法定相続分に基づく取得金額」のことを言うんです。ですから、山田さんのお母様に相続が発生した場合だと、基礎控除額を引いた後の財産を兄弟2人で2分の1ずつにした時の金額が6億円を超えた時にはじめて、最高税率の55％が適用されるわけです。これは逆算すると全体で12億4200万円を超える財産がない限りはそんな高い税率は適用されないってことになります。

まだ、詳しい財産のお話はうかがっていませんが、どうでしょう。お母様の財産は軽く12億円を超えそうですか？」

次　郎「いえ、いえ、とても、とても（笑）」

ついに決定！相続税大改正の中身！

■相続税の基礎控除額　基礎控除額は４割ダウン！

《現　在》　5,000 万円＋1,000 万円 × 法定相続人の数

《改正後》　3,000 万円＋ 600 万円 × 法定相続人の数

例）山田さんのお母さんに相続が発生したら　（相続人は一郎さん、次郎さんの２名）

《現　在》	基礎控除額　5000 万円	1000 万円 ×2 人 ＝2000 万円	
《改正後》	基礎控除額　3000 万円	600 万円 ×2 人 ＝1200 万円	差引 2800 万円減少！

※平成 27 年 1 月 1 日以降の相続より適用

■相続税の最高税率引き上げ！（速算表）

《現　在》

各取得分の金額	税率	控除額
1 千万以下	10%	－
1 千万超 3 千万以下	15%	50 万円
3 千万超 5 千万以下	20%	200 万円
5 千万超 1 億以下	30%	700 万円
1 億超 3 億以下	40%	1,700 万円
3 億超	50%	4,700 万円

《改正後》

各取得分の金額	税率	控除額
1 千万以下	10%	－
1 千万超 3 千万以下	15%	50 万円
3 千万超 5 千万以下	20%	200 万円
5 千万超 1 億以下	30%	700 万円
1 億超 2 億以下	40%	1,700 万円
2 億超 3 億以下	45%	2,700 万円
3 億超 6 億以下	50%	4,200 万円
6 億超	55%	7,200 万円

※平成 27 年 1 月 1 日以降の相続より適用

・財産が１億円以下の場合は変化なし！
・財産が２億円を超えたら大変なことに！

（注）速算表の使い方
財産が 3 千万円だと、税額は 1 千万 ×10%＝百万と（3 千万－1 千万）×15%＝3 百万の合計となりますが上記の速算表を使えば 3 千万 ×15%－50 万円＝4 百万と一度で税額の計算ができます

※平成 27 年 1 月 1 日以降の相続より適用

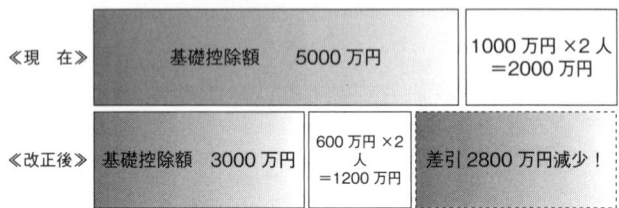

改正で親子間の贈与は税負担が軽くなった？

次　郎「相続税にくらべると、贈与の方はなにか使い勝手が良くなったそうですね」

税理士「ええ、贈与税というのはもともと大変税率が高いので有名な税金だったんですけど、それじゃあ、いつまでたっても高齢者が持っている財産が若い世代に移って行かないし、財産の有効活用ができないっていうことで改正されることになりました。

特徴としては、改正前の贈与が贈与を受ける側（これを「受贈者」（ジュゾウシャ）といいます）が誰であるかに関係なくひとつの税率表が適用されたのに対し、改正後は、

①親から20歳以上の子や孫が贈与を受ける場合の税率表

②それ以外の税率表

のふたつに分けられることになったということです。

贈与税というのは贈与した財産の価格から基礎控除額（年間110万円）を引いた残りの金額に税率をかけて計算されるわけですが、改正前は、その控除後の金額のうち1000万円を超える部分に対して50％という高い税率が適用されていました。

しかし、改正後は①の場合で3000万円を超える部分、②の場合でも1500万円を超える部分にしか適用されないようになったというわけです。

仮に親から20歳以上の子に3000万円を贈与した場合、基礎控除額を引いた残りは2890万円ですから、

【改正前】2890万円×50％－225万円＝1220万円

【改正後】2890万円×45％－265万円＝1035万円

となって、改正後の方が185万円税負担が軽くなります。

とはいえ、せっかく子供に3000万円あげても1000万円以上を税金で取られるわけですから、これではうかつに贈与なんかできないってことになりますね。

ただ、そんな贈与も使い方次第では争続回避策として、また、相続税の節税対策として使いみちは大いにあります。ま、その点についてはこれから詳しくお話しして行く予定ですので安心して下さい」

次　郎「わかりました」

使いみち自由。2500万円までなら無税で孫にも贈与可能

次　郎「他にも贈与税で変わった点というのはありますか？」

税理士「ええ。もともと贈与税には次のふたつの制度があるんですね。

①暦年課税制度　②相続時精算課税制度

一般的に贈与といえば①の「暦年課税制度」のことをいいますが、こちらは、先ず、ある人が1年間にどれだけ現金などの財産をもらったかを計算して、そこから110万円の基礎控除額を引きます。基礎控除額を上回る金額をもらっていれば、税金を払って下さいっていうのがこの制度の特徴です。②と異なり財産をあげる側、もらう側に一切制限はありません。親からもらっても、赤の他人からもらっても、ともかく1年間にもらったものをすべて合計して税金の計算をします。

これに対して、②の「相続時精算課税制度」は、一定の条件つきながら、2500万円までは無税で贈与を認めましょうという制度です。無税枠が①は110万円まで、②は2500万円までですから、だったら②の方が断然有利じゃないかってことになりますが、

残念ながら、「相続時精算課税制度」の方は、いったんもらった財産を、いざ相続が開始したら、その時の相続財産に足し直して（！）あらためて相続税の計算をしてくださいという制度です。だからこそ「相続時精算」なんですね。

「じゃあ、何のための制度なの？」ってことになるんですが。制度の詳しい内容や利用方法は後ほどお話しするとして、ここでは改正点だけをかいつまんでお話しすることにしましょう。改正点は、

【改正前】贈与者　65歳以上の親　受贈者（注）20歳以上の子供

【改正後】贈与者　60歳以上の親　受贈者（注）20歳以上の子供または孫

（注）受贈者（ジュゾウシャ）財産をもらった側の人

ということで、財産をあげる側、もらう側ともに範囲が広がったということです。

ここにも若い世代への財産の移転を積極的に推し進めようという考え方が見て取れます。特に、受贈者に20歳以上とはいえ孫が加わったことは大きいですね。これも後で詳しくお話ししますが、親から子ではなく、一世代飛び越えて孫に財産を移転させることで、税務上、大変有利にはたらくということがあるんですよ」

次　郎「ナルホド」

■贈与税の税率改正 ～親族間贈与はやりやすくなった！（速算表）

《現　在》

各取得分の金	税率	控除額
2 百万以下	10%	–
2 百万超 3 百万以下	15%	10 万円
3 百万超 4 百万以下	20%	25 万円
4 百万超 6 百万以下	30%	65 万円
6 百万超 1 千万以以下	40%	125 万円
1 千万超	50%	225 万円

《改正後》

親から 20 歳以上の子・孫への贈与

各取得分の金	税率	控除額
2 百万以下	10%	–
2 百万超 4 百万以下	15%	10 万円
4 百万超 6 百万以下	20%	30 万円
6 百万超 1 千万以下	30%	90 万円
1 千万超 1.5 千万以下	40%	190 万円
1.5 千万超 3 千万以下	45%	265 万円
3 千万超 4.5 千万以下	50%	415 万円
4.5 千万超	55%	640 万円

上記以外の贈与

各取得分の金	税率	控除額
2 百万以下	10%	–
2 百万超 3 百万以下	15%	10 万円
3 百万超 4 百万以下	20%	25 万円
4 百万超 6 百万以下	30%	65 万円
6 百万超 1 千万以以下	40%	125 万円
1 千万超 1.5 千万以下	45%	175 万円
1.5 千万超 3 千万以下	50%	250 万円
3 千万超	55%	400 万円

※平成 27 年 1 月 1 日以降の贈与より適用

■相続時精算課税制度の見直し

	現在	改正予定
贈与する側の年齢	65 歳以上の親	60 歳以上の親
贈与を受ける側の対象・年齢	20 歳以上の子	20 歳以上の子と孫

※平成２７年１月１日以降の相続より適用

■未成年者控除と障害者控除の見直し

	現在	改正予定
未成年者控除	20 歳までの 1 年につき 6 万円	20 歳までの 1 年につき 10 万円
障害者控除	85 歳までの 1 年につき 6 万円（特別障害者は 12 万円）	85 歳までの 1 年につき 10 万円（特別障害者は 20 万円）

※平成 27 年 1 月 1 日以降の相続より適用

わが家の土地、オヤジの土地のあつかいはこう変わった

次　郎「自宅の土地についても何か変更点があるんですよね」

税理士「自宅の土地については、もともと評価額の80％を切り捨てて良いという特例（これを「小規模宅地等の特例」といいます）があります。

仮に自宅の土地の評価が1億円だったら、80％評価を下げて2０００万円にすることができるというわけです。で、これに他の財産を加えたところで、その合計が基礎控除額を超えたら税金を払って下さいねっていうのが相続税のやり方ですから、この80％の評価切り下げが受けられないようなことになったら大変です。

では、この特例の何が変わったかというと、

【改正前】限度面積２４０㎡（約72坪）

【改正後】限度面積３３０㎡（約１００坪）

というように、適用される土地の限度面積が広がりました（減額率は変わりません）。

この特例は居住用の土地だけではなく、事業用や貸付用の土地にも適用があって、それ

それ限度面積は事業用が400㎡（約120坪）、貸付用が200㎡（減額率は貸付用のみ50％）までということになっています。

ただし、以前は居住用、事業用、貸付用を合わせて400㎡までという面積制限がありました。被相続人（亡くなった人）が自宅用の土地と事業用の土地の両方を持っていたとしたら、両方で400㎡までしかこの特例の適用が受けられませんでした。当然、どの土地の平米当りの単価が高いかを選んだ上で、特例の適用を受けていたわけですが、ここが大きく改正されました。

改正後は居住用と事業用についてはどちらとも限度面積いっぱいまで特例の適用が受けられるようになったというわけです。自宅用の土地が330㎡、事業用の土地が400㎡あった場合は両方合わせた730㎡までこの特例の適用が受けられるようになりました。

ただし、これはあまり知られてはいませんが、この特例は平成22年に納税者にとって大変きびしい改正がすでになされています。親の住まいが地価の高いところにあって、子供は子供で親と離れてそれぞれの持ち家に住んでいるといった場合は、相続の際、思わぬ税負担を強いられることになりますから要注意です」

次　郎「……」

教育資金限定。1500万円までなら無税で孫にも贈与可能

次　郎「それと教育資金の贈与についても教えて下さい」

税理士「これは今、世間でも大変話題になっていますから、多くの方がご存知の様ですね。概要は図（30頁）の方をご覧になっていただくとして、この制度の第一の特徴は1500万円というまとまったお金を一度にドーンと動かせる様になったということです。

もともと、親子間や祖父母と孫の間など、いわゆる扶養義務者相互間での生活費や教育費の贈与については贈与税は課されないことになっています。ただし、これにはひとつ条件があります。それは『必要な都度、直接これらに充てるためのもの』ならOKということです。

つまり、A大学の入学金が300万円かかるからこれを親が、あるいはおじいさんが出してあげようっていうのはよかったんです。でも、小学生の孫にその子が大学を卒業するまでの学費として一度にお金を出してあげるっていうのは贈与税の対象になっていたんですね。

でも、今回、この制度ができたことでそれが可能になったというわけです。ただし、いくら孫の教育資金とはいえ、おじいさんがその子の親に直接、お金を渡していいというわけじゃありません。

お金は子供または孫の名義でいったん銀行などに預けて、入学などの際に必要な額を引き出して使っていくということになります。

教育資金をどう使ったかは、金融機関が領収書などをチェックしたうえで、書類を保管することになっています。

ところで、教育資金というと一般に高校や大学の入学金や授業料をイメージしますが、今回の制度は1500万円のうち500万円までという制限つきながら、子供の学習塾や野球チームの費用、ピアノの個人レッスン料なども対象になりますから、使い勝手は結構ありそうです。

どうですか？　山田さんも、かわいいお孫さんのためにひと肌脱いでみる気になったんじゃありませんか（笑）」

次　郎「ンー、ちょっと考えてみますか……」

■小規模宅地等の改正　わが家の土地、オヤジの土地の取扱いは･･･？

特例の対象となる限度面積が広がった

	改正前	改正後
自宅の土地	240 m^2	330 m^2
事業用の土地	400 m^2	400 m^2

自宅用と事業用と両方の土地があったら･･･

自宅の土地 330 m^2 ＋ 事業用の土地 400 m^2 ＝ 合計 730 m^2 までが適用可に

※平成 27 年 1 月 1 日以降の相続より適用

■教育資金限定・1500 万円までなら無税で孫にも贈与が可能

●贈与者　受贈者の直系尊属（両親、祖父母）

●受贈者個人（30 歳未満）

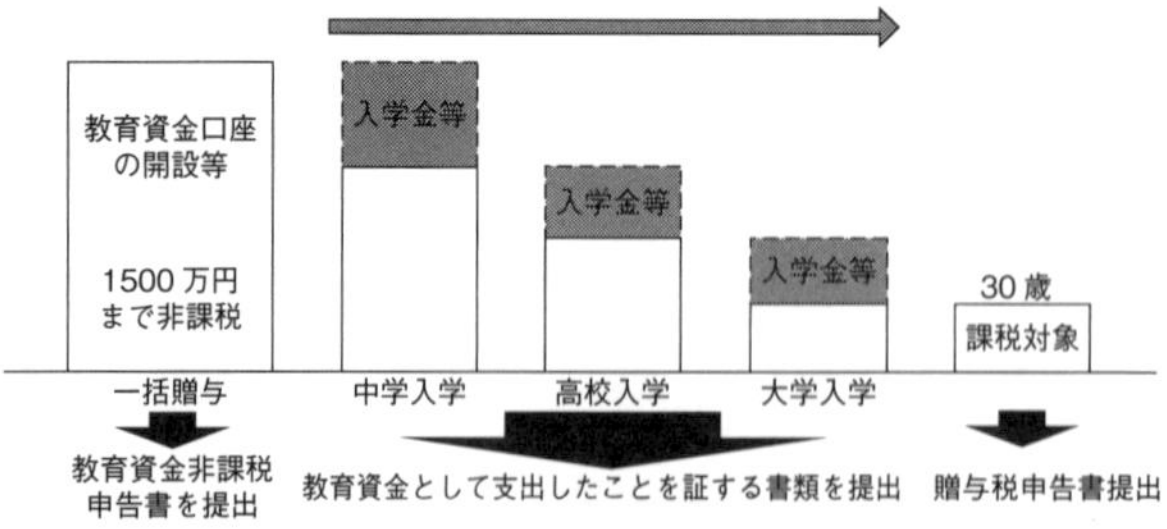

●対象となる教育資金とは？
・入学金、授業料、入園料、保育料、施設設備費又は入学(園)試験の検定料など
・学用品の購入費や修学旅行費や学校給食費など学校等における教育に伴って必要な費用
※学校以外であっても･･･
・教育（学習塾、そろばんなど）に関する役務の提供の対価や施設の使用料など
・スポーツ又は文化芸術に関する活動その他教養の向上のための活動に係る指導への対価など

※平成 25 年 4 月 1 日～平成 27 年 12 月 31 日の間に拠出されるものにつき適用

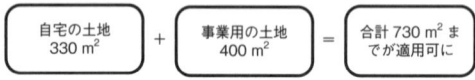

自分の会社を子供に継がせたい時は この手を使え！

次　郎「最後に、同族会社の株の扱いが変わった点をお聞きしたいんですが」

税理士「山田さんのお兄さんは地元で会社経営をなさっていらっしゃるそうで、山田さんとしてもそこは気になるところですね。

同族会社の株式というのは会社の資産に含み益があったりすると、それだけでドーンと値が上がったりすることがあります。しかも、値が上がったからといって、上場株と違って市場で売れる様なものではありませんから、売れもしないのに、評価だけ上がって税金の対象になるという、ある意味、やっかいな存在なんですね。

そういうこともあって平成21年度の税制改正で、いわゆる「事業承継税制」というものが導入されました。これはどういうものかというと、

『相続によって後継者が取得した自社株式の80％部分の納税を猶予する』

というものです（ちなみに、贈与によって取得した場合はその株式に対応する贈与税の納税が100％猶予されます）。

これだけ聞くと、まことに結構な制度の様に聞こえますが、利用するための要件や手続きがメチャクチャめんどうだったために、実際にはほとんどといっていいぐらい利用されなかったんです。

先ず、この制度を利用するためには事前に経済産業大臣の確認（！）を受けなければいけなかったんですが、その利用件数が平成23年度でたったの63件しかなかったんです。これ、全国レベルの話ですからどれだけ利用されなかったかがよくわかりますね。

で、具体的にこれがどう変わったかについては図（左頁）の方をご覧いただくとして、手続き的には事前に経済産業大臣の手続きを受けなくてもよくなった点が大きいですね。これは単にめんどうな手続きをしなくても良くなったというだけじゃなくて、たとえば、代表者が突然亡くなって、事前確認の手続きも取っていなかった場合は、せっかくの制度の恩恵もまったく利用することができなかったわけですから、この点は大きいですね。

ま、今回の改正で実際にどれだけ中小企業の利用が増えるのか、推移を見守る必要はありそうですね」

次　郎「わかりました。兄の会社の状況も今度、聞いてみたいと思います」

■事業承継税制

事業承継税制は？

中小企業の後継者が、現経営者から株を承継する際、相続税・贈与税の軽減（相続税 80%、贈与税 100%）を受けることができる制度

●主な改正点は？

要件	改正前	改正後
事前確認	経産大臣の事前確認が必要	不要
承継者	現経営者の親族	親族外も OK
雇用の維持	雇用の 80%以上を 5 年間維持	雇用の 80%以上を 5 年間平均で維持
現経営者	贈与時に退任	贈与時に代表を退任

※平成 27 年 1 月 1 日以降の相続・贈与より適用

2章

〝相続〟を知らないあなたは確実に損をする！

さて、相続税改正の話が終わったところで次郎さんは次に、相続税の基礎についてあらためて話を聞くことにしました。次郎さん自身、相続のことは普段から気になるものの、雑誌の特集記事などを読んでも、なかなかその全体像をつかむことが容易ではなかったからです。

実は、相続をわかりにくくしている原因のひとつに、

①相続そのものは「民法」という法律が規定し、

②相続税は「相続税法」という法律が規定している、

という事情があります。「民法」には、誰が「相続人」になるのか、法定相続分の割合はどうなっているのか、遺言書の形式にはどんなものがあるのかといったことが書いてあります。

で、そういった問題をクリアした後に、じゃあ、税金の計算は具体的にどうするのということで出てくるのが「相続税法」というわけです。

さて、次郎さんの最初の質問は、母親に万が一のことがあった場合、相続税の申告はどんな風に進めて行けばいいのかというものです。次郎さん自身、兄の一郎さんとは離れて暮らしているだけにどうしても気になるところでした。

借金があれば3ヶ月以内に相続の放棄をしないと大変なことに

次　郎「では先ず、相続のおおまかなスケジュールについて教えていただけますか？」
税理士「相続税の申告書は被相続人が亡くなってから10ヶ月以内に提出する決まりになっています。ちなみに税金の納付も原則的に同じ10ヶ月以内に行います。亡くなった日が1月10日なら10月10日が申告期限、6月3日なら、翌年の4月3日が申告期限というわけです。

10ヶ月というと、ま、ほぼ1年ですから、「そんなにあわてることもないさ、ゆっくりやればいいじゃないか」って思われるかも知れませんが、なにせ慣れないことの連続ですから、案外、10ヶ月なんてあっという間に経ってしまうものです。

先ず、相続が発生したら、被相続人の死亡届を、死亡診断書を添えて市町村へ提出します。

期限は死亡後7日以内です。もちろん、お通夜や葬儀の手配もすぐにかからなければいけません。

葬儀が終わったら、次は遺言書の確認です。遺言書が見つかった場合は、家庭裁判所でその「検認」を受ける必要があります。

「検認」というのは遺言書の内容や体裁を確認して、その後の偽造などを防ぐために行われるものです。

これは法律で決められた手続きですから、相続人だからといって勝手に遺言書を開封して中を見ることはできません。怠った場合は罰則の対象となってしまいますからくれぐれも注意して下さいね。

ところで、被相続人の財産を調べていくうちに、どうもこれは借金の方が多そうだとなったら「相続の放棄」を検討する必要があります。

「相続の放棄」というのは、プラスの財産もマイナスの財産も、ひっくるめて「いりません!」と相続人が宣言することです。でないと、わずかな財産のためにとんでもない借金を背負わされる羽目にもなってしまいます。ただし、放棄ができるのは、相続の開始があってから3ヶ月以内です。

3ヶ月を過ぎて、被相続人にとんでもない借金があったことがわかっても後の祭りとなってしまいます。

それから、被相続人が生前に事業をやっていた場合は、「準確定申告」といって所得税の申告もしなければいけません。

こちらは相続開始から４ヶ月が期限です。

で、被相続人の財産や債務もしっかり調べ終えたと。遺言書がないこともハッキリしているとなったら、いよいよ、次はそれを相続人でどう分けるかという話し合いを始めることになります。

これを「遺産分割協議」といいますが、実際にはこれがなかなかまとまらないことが多いんですね。

「遺産分割協議」が相続開始から10ヶ月以内にまとまらないと、とりあえずは、「法定相続分」で財産を分けたということにして申告書の提出ということになります。ただし、その場合は第1章でふれた「小規模宅地等の特例」など、相続税が安くなる様々な特典が受けられなくなってしまいますから大変です」

次　郎「なるほど。で、他に何か注意しておかなくちゃいけないことはありますか？」

■相続税の申告期限10ヶ月は長いようで短い！

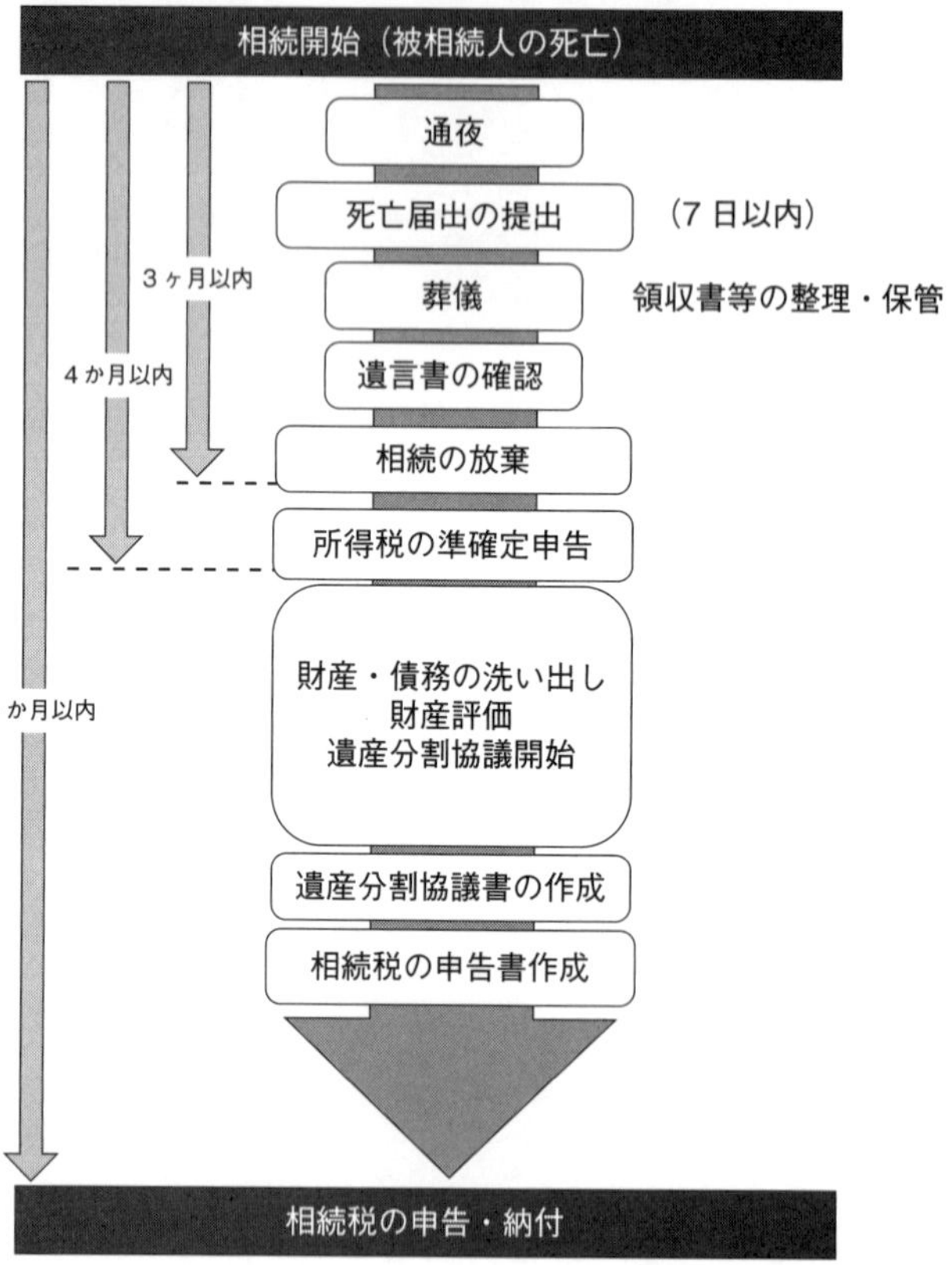

葬儀代、食事代、タクシー代、お布施も控除対象になる

税理士「相続が開始して真っ先にやることにお通夜や葬儀の準備がありますが、そういったことにかかった費用は、相続税の申告の時に、被相続人の方の財産から引くことができます。

本葬にかかった費用はもちろん、火葬や納骨に要した費用、集まった親戚に出した食事代からタクシー代まで、すべて控除対象ですから、領収書はしっかりと取っておいて下さい。

お寺に払うお布施も財産から控除することができます。といってもこちらは領収書をいただくというわけにはいきませんから、メモでも何でもともかく支払金額が分かるようにしておくことが必要です。

ただし、同じ葬儀関連の費用でも香典返戻費用や初七日などの法要に要した費用、それにお墓の購入費用などは財産から引くことができませんので注意が必要です。

ところで、被相続人の方の銀行口座は、故人の死亡がわかった時点で凍結されてしまい

ます。

　お通夜や葬儀でまとまったお金が必要になったからといって、親族といえども故人の口座から自由にお金を引き出すことはできなくなってしまいます。

　凍結を解除するためには相続人全員が被相続人の財産をどう分けるかを決めた書類、つまり「遺産分割協議書」を銀行に提出する必要があります。緊急性を要するものについては、金融機関によっては一定額までなら相続人全員の同意書によって引き出すことも可能ですが、いざという時にあわてなくてもすむ様、事前の備えだけはやっておいた方がよさそうですね」

●葬儀費用　相続財産から引けるもの、引けないもの

相続財産から引けるもの

・お通夜や本葬の費用

・会場費、親戚や参列者への飲食代、タクシー代など

・お布施、読経料、戒名料(注)
(注)領収書が取れないため、メモなど支払金額を分かるようにしておく

・火葬や埋葬、納骨に要した費用

・遺体運搬費用

相続財産から引けないもの

・香典返しの費用

・初七日、四十九日などの法要費用

・永代供養料

・墓地の購入費用

・仏具代

・遺体解剖費用

「遺言書」もウカツに書くと家族がいがみ合うことに

次　郎「ところで、財産を分けるというのは具体的にどうやればいいんでしょうか？」

税理士「被相続人の財産は、先ず、遺言書があれば、その遺言書通りに、遺言書がなければ、相続人が話合いで決めることになります。

では、その第一段階の遺言書があれば問題はすべて解決かというと、そう簡単にはいかないのが相続の悩ましいところです。

遺言書は民法でもって「こういう形式で書きなさい」ということがちゃんと決まっていますから、それに従わない場合は、せっかく書いた遺言書がかえって相続人を混乱させたり、モメ事の原因を作ってしまったりということがあります。

というわけで、先ずは、基本中の基本、遺言書の３つのタイプについて、お話しをしたいと思います。

タイプ１【自筆証書遺言】

遺言書を書く人（これを「遺言者」といいます）が自分で遺言の中身、日付、氏名を書いて、最後に押印をして完成させるタイプの遺言です。自分で書くだけですから当然、費用はかかりませんし、次の公正証書遺言と違って「証人」もいりませんから、一番手軽な遺言書ということがいえます。

ただし、下手をすれば家族の誰かに遺言書の中身をのぞかれて、内容を書き換えられたり、最悪、遺言書を破棄されたりといったことも当然考えられます。

また、逆に、自分だけの秘密にしていたことで、結局、家族の誰にも遺言書の存在に気づかれずに相続が終わってしまったという悲惨な結果に終わる可能性もあります。

ちなみに、自筆証書遺言はあくまで「自筆」が条件です。他人の代筆やパソコンで書いたものは無効になりますので注意して下さい。

また、先ほどお話しした様に自筆証書遺言は相続開始後、必ず家庭裁判所で検認を受ける必要があります。

タイプ2【公正証書遺言】

公証人と呼ばれる人が遺言者から遺言の内容を聞き取って、公証人役場というところで作成する遺言書のことです。

作成する時はふたり以上の証人の立会いが必要ですが、遺言者の相続人やその配偶者は証人になることができません。

公証人役場というのは、公正証書の作成だとかその他の書類の認証をするお役所で全国に約300ヶ所あります。

また、公証人というのはもともと裁判官や検察官だった人がなりますから、まさにプロが作った遺言書というわけです。そういうことで、遺言書が無効になったり、あるいは誰かに書き換えられたりといったこともありませんし、自筆証書遺言では必要だった家庭裁判所の検認も要りません。

それと原本は公証人役場で保管してもらえますから、たとえ、遺言書を紛失するようなことがあっても再発行してもらえます。

もちろん、プロが作る遺言書ですから、当然ながら費用はかかります。

金額は財産の価格（時価）を基準に、相続人ごとに手数料の額を算出して合算したものになります。

たとえば相続人が3人でひとり当りの財産価格が1億円だとすると、4万3000円×

3人で12万9000円ほどかかるといった具合です。

タイプ3【秘密証書遺言】

秘密証書遺言は封印した遺言を公証人役場に持って行って、マル秘の遺言書があるということを証明してもらえるもので、遺言の内容を家族に知られたくないという場合にはピッタリの遺言書といえます。

公正証書遺言は信頼性という点ではすぐれていますが、残念ながら、ふたり以上の証人や公証人に遺言の内容が知られてしまいます。

その点、秘密証書遺言は遺言書を封印後、遺言者、公証人、証人が署名、押印するだけで、本人以外に中身が知られることはありません。

ただし、内容は秘密にできますが、相続開始後に家庭裁判所で検認を受けなければいけない点は自筆証書遺言と同じで、現実には、ほとんど使われることはない様です」

次　郎「なるほど。遺言書とひと口にいっても、色々とあるんですねぇ」

●遺言書の３つのタイプ

		特徴	証人	印鑑	家庭裁判所の検認
タイプ1	自筆証書遺言	遺言者が自分で遺言の全文、日付、氏名を書いて、最後に押印をして完成させるタイプの遺言書。 シロウトが書くために、内容の不備や意味不明の意思表示で相続人が混乱したり、遺言書自体が無効になることがある。 代筆やパソコンは不可。あくまで「自筆」が条件。	不要	認印可	必要
タイプ2	公正証書遺言	公証人が遺言者の遺言の内容を聞き取り、２人以上の証人の立会いのもと公証人役場で作成する遺言書。 ただし、相続人やその配偶者は証人になることができない。 原本は公証人役場で保管してもらえる。 また、プロが作る遺言書であるため当然、価格に応じて手数料がかかる。	２人以上	証人は認印でも可だが、遺言者は実印が必要	不要
タイプ3	秘密証書遺言	遺言の内容を誰にも知られず、秘密にしたい場合にピッタリなのがこの秘密証書遺言。 遺言書を封印後、封筒に遺言者、公証人、証人が署名、押印する。 代筆やパソコンも可 現実にはほとんど使われることはない。	２人以上	認印可	必要

遺言書はこう書く！

自筆証書遺言の場合

全て手書きが原則
代筆やパソコンは不可

遺　言　書

遺言者 山田花子 は、以下のとおり遺言する。

1．遺言者は、長男一郎に次の財産を相続させる。
①　土　地
福岡県福岡市〇〇区〇〇丁目〇番〇号
宅地　100平方メートル
②　建　物
福岡県福岡市〇〇区〇〇丁目〇番〇号
家屋番号〇〇番　木造瓦葺2階建　居宅

不動産は登記簿に書いてある通り「地番」で記載すること
住所を示す「住居表示」と不動産の所在地を示す「地番」とは異なる

2．遺言者は、次男次郎に次の財産を相続させる。
①　株式
株式会社□□の株式1,000株
②　預貯金
△銀行△支店の遺言者名義の普通預金（口座番号123456）

会社名は正式名称で記載する
（株）や（有）は不可

残高の記載は不要

3．遺言者は、以上に定める財産の他一切の財産を長男次郎に相続させる。

他の財産が見つかった時に備えて欠かせない表現

4．遺言者は、この遺言の執行者として次の者を指定する。
福岡県福岡市〇〇区〇〇丁目〇〇番〇号
弁護士　法野　守

必要に応じて遺言執行者の指定も

平成25年〇月〇日
福岡県福岡市〇〇区〇〇丁目〇番〇号
遺言者　山田花子　㊞

認印も可　但しできれば実印で

意外とむずかしい。あなたの家の「法定相続人」は誰と誰？

次　郎「次に、法定相続人というのは、残された家族という理解でいいんでしょうか？」

税理士「そうですね。基本的には法定相続人っていうのは「配偶者」と「血族相続人」のことですから、普通であれば、まさに残された家族ということになりますね。

先ず、「配偶者」っていうのは夫から見た妻、妻から見た夫ですね。次の「血族相続人」は血のつながった子や孫、親、祖父母、そして兄弟姉妹のことです。

ちなみに「血族」っていうのは親子関係のように血でつながった関係のことで、奥さんの両親のように結婚でできた親族は「姻族」（インゾク）っていいます。

「血族相続人」にもランクがあって、相続の順番は1番が「子供」や「孫」。「子供」も「孫」もいないとなると、2番目が「両親」や「祖父母」。その両方がいないとなると最後3番目に来るのが「兄弟」です」

次　郎「あれ？　先生、配偶者が出てきませんけど」

税理士「そうですね（笑）。実は「配偶者」は配偶者と子供、配偶者と両親、配偶者と兄弟姉妹という様に、第1順位から第3順位までのそれぞれとセットで常に相続人となるんです。

子供には、自分の本当の子供（「実子」（ジッシ））はもちろん、養子も含まれます。じゃあ、もし、愛人に産ませた子がいた場合はどうなるかというと、法律上は「非嫡出子」（ヒチャクシュツシ）といって、そういう子供も相続人に含まれることになっています。ま、そのためには父親の「認知」が必要ですけどね。

それと互いのパートナーに連れ子がいる場合はどうなるかっていう問題もありますね。残念ながら、連れ子には亡くなった人との法律上の親子関係がないんで、相続権がないんですね。連れ子にも相続権を与えたい場合は養子縁組するしか手がないんです。

それから、被相続人が亡くなった時に、その奥さんのお腹に子供がいたとしたら、その子、つまり胎児にも相続権は発生します。

じゃあ、たとえば、お母様の花子さんよりも先に次郎さんが亡くなっていた様な場合はどうなるでしょうか。そういう時は、次郎さんのご長男やお嬢さんに、つまり、花子さんから見てお孫さんに相続権が移動します。これを代襲（ダイシュウ）相続といいます」

次　郎「ん――、法定相続人とひと口にいっても、結構、複雑なんですね」

●次郎さんに万が一のことが起こった場合の「法定相続人」は？

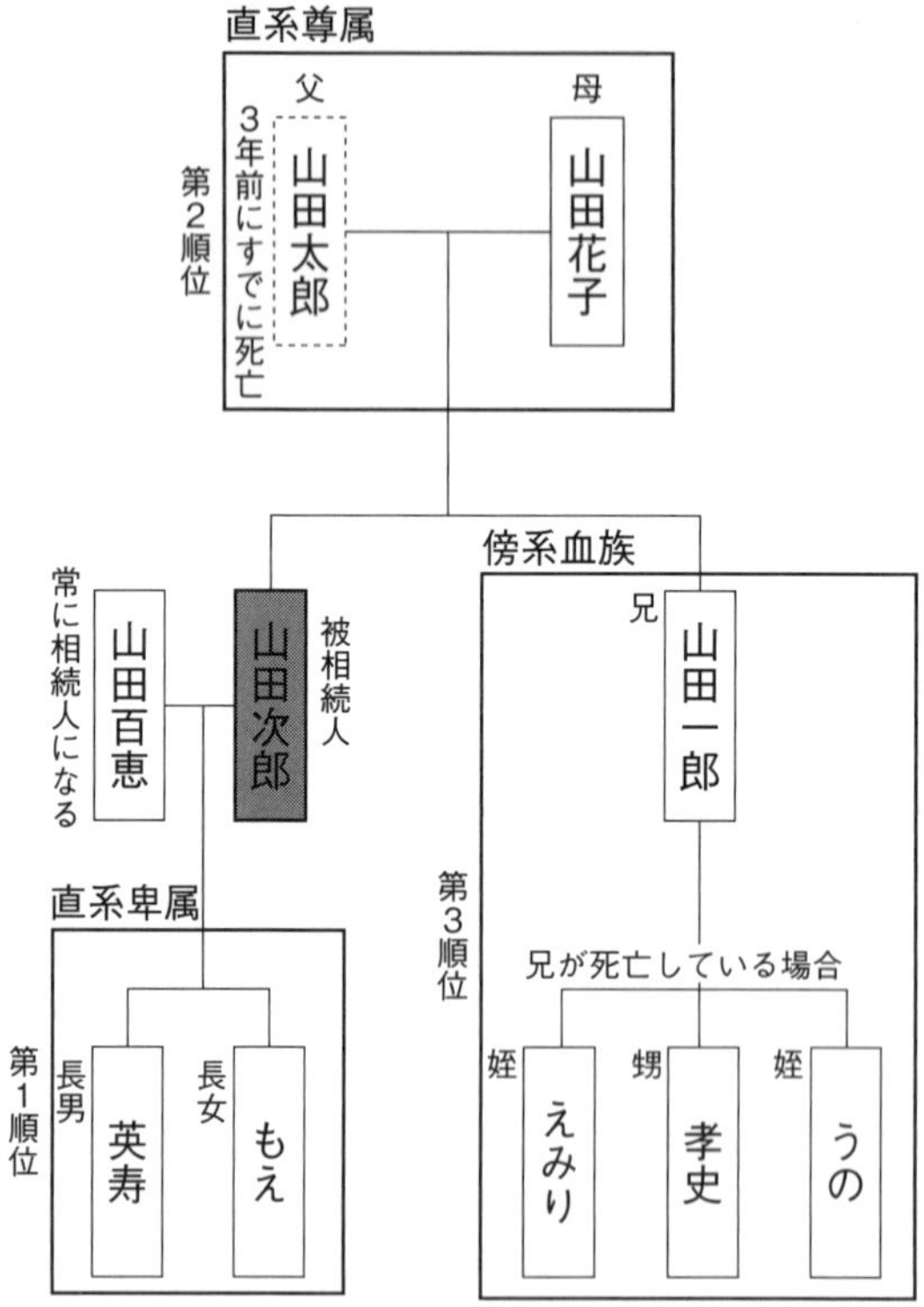

配偶者　・・・・常に相続人となる

第１順位・・・・子（子がすでに死亡している場合は孫が代襲相続人となる）

第２順位・・・・両親、祖父母

第３順位・・・・兄弟姉妹（兄弟がすでに死亡している場合は甥・姪が代襲相続人となる）

親の借金は誰が払う。相続人同士の話し合いは有効か無効か

次　郎「親に借金がある場合に気をつけておくべきことは何でしょうか？」

税理士「借金というのはいわばマイナスの財産ですから、相続の場合は親の現金や土地などのプラスの財産から引くことができます。

　正確には「債務控除」といいますけど、これは借金だけじゃなくて、固定資産税の未払いだとか、水道光熱費の未払いだとか、そういったものをまとめて引くことができるというわけです。

で、さっき、親の財産を分けるのは遺言書によるか、遺産分割協議によるかというお話をしました。たとえば、お母様の財産をお兄さんと次郎さんが話し合って、自宅の土地と建物はお兄さんがもらうと。そのかわり銀行預金は次郎さんがもらうといった具合に決めたとしますね。

　もちろんこれは相続人であるおふたりが納得の上で決めたことですから何の問題もありません。

じゃあ、お母様に銀行からの借金が1億円あって、こちらも話し合いの結果、お兄さんが全部負担することになったとしますね。

これは有効でしょうか？」

次　郎「有効……ではないんですか？」

税理士「答えは有効でもあり、無効でもあるんですね。有効というのは相続人の間では有効っていうことです。

相続人同士の話し合いでお兄さんが借金を払うことに本人が納得して、次郎さんも「じゃあ、兄さん頼んだよ」ってことであれば、何の問題もありません。

実際、その借入金が事業上のもので、お兄さんがお母様の事業を引き継ぐという様なことであれば、事業上の借入金も同時に引き継ぐでしょうし、自宅の土地や家を相続するのに、残債がまだ残っているっていうんであれば、その土地や家を相続する人が残債も同時に引き継ぐことになるでしょうね。

じゃあ、無効っていうのは何かっていうと、債権者、つまり、この場合は銀行がOKしないっていうことです。相続ではプラスの財産は相続人の間で自由に分けることができますが、債務の方は相続の開始とともに相続人が法定相続分に応じて承継するということになっているからです。

なぜ、債務は相続人同士で自由に話し合って決めることができないのかというと、全く支払い能力のない相続人に借金だけ引き継がせておいて、他の相続人はプラスの財産の利益のみを享受するといったことができてしまうからなんです。

だから、お兄さんがいくら「借金は、オレが責任もって払う！」と宣言したところで、銀行が借入金のうち法定相続分に応ずる金額を次郎さんのところに請求して来たら、「いや、借金は兄が払うことになっているから」とは言えないわけです。

だから、借金を誰がどう返済するかについては債権者と話し合いで決めるしかないんですね。

話し合いの結果、銀行が「じゃあ、一郎さん、返済の方はお願いしますね」といって、他の相続人の責任を免除してくれればいいんですけどね。これを、ちょっとむずかしい言葉ですが「免責的債務引受け」といいます」

次　郎「こりゃあ、オフクロに借金があるかどうか確かめといた方がいいですねぇ！」

払いきれない借金は相続放棄しても親族に請求が行く

税理士「借金ということでさらに話を続けますと、借金がプラスの財産を大きく上回っているような場合があります。

先ほどもお話しした様に、そういう場合は、相続人が返し切れない借金を背負うことになってしまいますから、相続開始から3ヶ月以内であれば、相続の放棄ができることになっています。

では、まぁ、山田さんのところではそんなことはないでしょうが、仮にお母様の借金がプラスの財産を大きく上回っていたとします。相続人は次郎さんとお兄さんのお2人ですね。

じゃあ、お2人が3ヶ月以内に家庭裁判所に行って、相続放棄の申述をしたとします。「ヤレ、ヤレ、これでオフクロの借金も払わなくてすんだ。先ずはひと安心だな」ってなるでしょうか?」

次　郎「……え！　ならないんですか?」

税理士「なります。次郎さんとお兄さんのお2人だけは。どういうことかというと、相続の放棄っていうのは、法律上、「初めから相続人とならなかったものとみなす」っていう規定なんです。

「相続人とならなかった」っていうことは、つまり、お2人は最初から〝相続的にいなかった〟ということになるっていうことですね。

さっき、相続の順番は1番が「子供」や「孫」、2番目が「両親」や「祖父母」、3番目が「兄弟」で、「配偶者」は第1順位から第3順位までのそれぞれとセットで常に相続人となるというお話をしましたね。ですから、子供である次郎さんやお兄さんがお母様の相続を放棄すると、相続権はお母様のご両親、つまり、次郎さんから見ておじいちゃんやおばあちゃんに行きます。

でも、もう、お母様のご両親はとうの昔に亡くなられていますね。そうすると、その相続権は次にお母様の御兄弟に行きます。

じゃあ、そこでお母様の御兄弟もすでに亡くなっているという場合はどうなるか。残念ながら、そこで一件落着とはいきません。

その御兄弟にお子さんが、つまり、次郎さんの従兄弟さんがおられたら、今度はその方に相続権が行ってしまいます。

次郎さんとお兄さんが相続を放棄した場合は、そもそも最初から相続人とならなかったわけですから、次郎さんやお兄さんのお子さんには相続権は行きません。でも、次郎さんのオジサンあるいはオバサンはすでに死亡していますから、その時はそのお子さん、つまり従兄弟さんに相続権が行ってしまいます。

先ほどの代襲相続というのがこれです。

つまり、いくら次郎さんとお兄さんが相続の放棄をしても、それだけだと、ある日突然、銀行がその従兄弟さんのところに行って、

「山田花子さんの借金返して下さい」

って言うことができるというわけです。

その従兄弟さんにとってみればまさに青天のヘキレキ、びっくりするどころの騒ぎじゃないですよね」

次　郎「……一生恨まれそうですね」

財産をどう分けようと税金の総額は変わらない

次　郎「では、次に相続税はそもそもどうやって計算されるのかを教えて下さい」

税理士「はい。相続税は、先ず、被相続人の土地だとか現金預金、株などの財産を確定させるところからスタートします。確定というのはどんな財産がどれだけあるのかを確定させるという意味と、その財産の価格がいくらなのかを確定させるというふたつの意味があります。

　財産の価格を確定させる作業を一般に「評価」といいますが、これがむずかしいんですね。現金や預金はそのままですからいいんですけど、持ってる土地がいくらか、同族会社の株がいくらかっていうことになると、それをめぐって納税者と税務当局に争いが起こることもあるぐらいですから、なかなか大変な作業になります。

　で、ともかくプラスの財産の方は何とか確定したと。じゃあ、その次は被相続人の借金や固定資産税なんかの未払い分、それに被相続人の葬式代なんかも計算して、これをプラスの財産からまとめて引きます。

これで被相続人の「純財産」が固まります。

で、この「純財産」から、さらに引かれるのが「基礎控除額」です。

「基礎控除額」を引いて、マイナスなら税金はゼロ、プラスなら税金を納めなきゃいけません。

さて、「基礎控除額」については、第1章の改正のところでもお話ししましたけど、

3000万円＋600万円×法定相続人の数＝基礎控除額

という計算式で計算されます（平成27年1月1日以降の相続から適用されます）。

お母様に相続が発生した場合は、相続人は次郎さんとお兄さんのお2人ですから、

3000万円＋600万円×2人＝4200万円

となります。この「基礎控除額」があるから、大抵の人は相続税とは無縁でいられるわけですね。

さて、この「基礎控除額」を引いてそれでもプラスならいよいよ税金の計算ということになるんですが、相続税の税率は相続財産が増えれば増えるほど税率が高くなる構造（これを「超過累進課税」といいます）になっていて、たとえば、「基礎控除額」を引いた後のお母さんの財産の価額が1億円だとすると、5000万円を超えて1億円までの部分に

ついては30％の税率が適用されてしまいます。

でも、これを次郎さんとお兄さんの2人で均等に分けて、ひとり5000万円の財産ということにすれば、一番高い税率は20％ですんでしまいます。

つまり、相続税の計算は、「課税対象額」をいったん相続人全員が「法定相続分」でもらったものと仮定して――つまり、なるべく低い税率が適用される様に分けたことにして計算されるというわけです。

では、今度は、次郎さんに万が一のことが起こったと仮定して税金の計算をしてみましょう。「課税対象額」は2億円とします。相続人は奥さんと長男の英寿さん、長女のもえさんの3人ですね。

そうすると税金を計算するためには、奥さんが1億円（相続財産の2分の1）、英寿さんともえさんはそれぞれ5000万円（2分の1×2分の1＝4分の1）ずつ取得したと仮定するわけです。

そうすると税金は奥さんが2300万円、子供達が800万円ずつの合計3900万円ということになります（これを「相続税の総額」といいます）。

でも、これを実際にもらった財産の額に応じて税金を計算する方法でやったとしたらどうでしょうか。

長男の英寿さんが2億円の財産のすべてをひとりでもらったとして計算すると、税額はなんと6300万円にもなってしまいます。

その差は実に2400万円です！

もちろん、法定相続分で分けるのは税額計算のためだけですから、実際には、財産をどう分けようと相続人の自由です。このいわば〝仮定計算方式〟だと、先ほど計算した「相続税の総額」3900万円を、実際の財産の取り分に応じて各相続人に振り分けるだけです。

たとえば、英寿さんと長女のもえさんが2億円の財産を仲良く半分こした場合は、相続税の総額3900万円をそれぞれ半分ずつ払うということになります。

この計算方法だと、最初に相続財産の価格さえ確定してしまえば、税金の総額は自動的に決まってしまいます。後は相続人の間でどう財産を分けるかという問題だけになってしまうというわけですね」

次　郎「なるほど、よくわかりました」

●相続税は法定相続分で分けたと仮定して計算する。その結果…

例）次郎さんに相続が発生した。相続人は奥さんと長男、長女の３人。
さて、相続税の計算は？

1.	財産の総額	２億４千８百万円
2.	基礎控除額	３千万円+6百万円 ×3人=4千８百万円
3.	差引課税対象	1−2=2億円

話し合いの結果、長男の英寿さんが財産の全てを相続することになった。
でも、税金の計算は…
英寿さん　２億円 ×40%−1千７百万円=6千３百万円…(A)
とはならない！

↓

実際は、相続人が法定相続分に応じて相続財産を取得したと仮定して計算

奥さん　　1億円 ×30%−7百万円=2千３百万円

英寿さん　5千万円 ×20%−2百万円=　8百万円

もえさん　5千万円 ×20%−2百万円=　8百万円

合計　3千9百万円…(B)

↓

その差は…
(A)−(B)=2千４百万円！

※算式は相続税の「速算表」を使って計算している。

期限までに話がまとまらないと税額軽減や物納が使えない

次　郎「仮に申告期限までに、相続人同士の話し合いがまとまらないとどうなりますか？」

税理士「相続税の申告書というのは、これは、もう、繰り返しになりますけど、被相続人が亡くなってから10ヶ月の間に、被相続人の財産をすべて洗い出して、評価もし、相続人同士でどの財産を、どう分けようかについて話し合いをして、それをまとめたうえで提出しなくちゃいけません。

で、残念ながら、その話し合いがどうしてもまとまらなかった時は、どうするかというと、とりあえず「法定相続分」で遺産の分割があったものとして、申告書を作成し、税務署に提出することになります。

ただ、相続税の総額は、さっきもお話しした様に遺産の総額さえ決まってしまえば、後はこれをどう分けようと全体としては変わりませんから、その点では有利だとか不利だとかっていうことはないんですね。だから、未分割でいったん申告書を提出した後に分割協議がまとまったら、相続人同士でお金のやり取りをして、税金のプラスマイナスを精算したっていいわけです。

でも、ひとつだけ困ることがあります。それは、遺産分割協議が最終的に決まらないと、様々な税務上の恩恵が受けられなくなってしまうということです。これも、一定条件つきながら、最終的に分割協議がまとまったところで、あらためてその恩恵を受けることもできますが、いったんは、その恩恵がないところであたり前の税金を納めなくちゃいけませんから大変です。じゃあ、どんな恩恵が受けられないかというと——

●配偶者の税額軽減が使えない！

配偶者については、相続した財産が法定相続分まででであれば、相続税はかかりません。また、法定相続分を超える財産を取得した場合であっても、その金額が1億6０００万円に満たない時は、1億6０００万円までは同じく税金がかかりません。これを「配偶者に対する相続税額の軽減」といいます。

ところが、これは申告期限までに、遺産分割協議がまとまって、配偶者の相続する財産が最終的に確定していることが条件です。遺産の一部が未分割の場合は、その分割されていない部分については、配偶者の税額軽減の適用を受けることができません。

ただ、そういう場合でも、相続税の申告書に「申告期限後3年以内の分割見込書」という書類を添付して提出し、実際にその3年以内に話をまとめることができれば、あらためて税額軽減の適用を受けることはできます。

でも、いったんは、あたり前の税金を納めなきゃいけません。さっき、次郎さんに万一のことが起こった時の税金の計算をしてみましたね。「課税対象額」が2億円で、奥さんと長男の英寿さん、長女のもえさんの3人が法定相続人で、相続税の総額は3900万円になりました。仮にその財産を法定相続分通りに分けたとしたら税額は奥さんが2300万円、お子さん達が800万円ずつです。でも、ここで配偶者の税額軽減を使うと奥さんの税金はゼロ（！）になってしまいます。

ところが、仮に財産をどう分けるかが全く決まっていない場合は、奥さんはいったんこの2300万円を納めなきゃいけないというわけです。3年以内のやり直しが認められてはいるものの、これだけの金額を一度は納めなくちゃいけないわけですから大変です。

●小規模宅地等の評価減も使えない！

次に大変なのが「土地」です。土地というのは、普通、相続財産の中でも一番値が張る財産ですから、納税者の負担軽減という意味で、最初にお話しした「小規模宅地等の評価減」という特例を使うことができます。

この特例を使うと、居住用や事業用の土地についてはその評価を80％減らすことができます。相続財産に占める土地の割合というのは平均でもほぼその半分になりますから、この特例が使えるかどうかっていうのはすごく大きな意味を持つわけです。

で、この特例も、申告期限までに土地をどう分けるかについて、相続人の間で完全に話し合いがついていることが条件です。そうでない時は、１００％評価での申告・納付となります。

小規模宅地等の評価減も、配偶者の税額軽減と同様、「申告期限後3年以内の分割見込書」を申告書に添付して提出することで、3年以内の〝敗者復活〟が可能ですが、いったんは当たり前の税額を納めなくちゃいけません。

●さらに、物納も使えない！

相続税の支払いはもちろん、現金一括払いが原則ですが、分割でも現金納付がむずかしい場合は「物納」といって、土地などの〝現物〟での納付が可能です。

ただし、これも申告期限までに遺産分割協議がまとまらなければ、相続人全員の共有財産とみなされてしまいますから、物納しようにも、その財産について相続人全員一致の申請が必要で、一部の相続人のみの物納申請は認められないってことになっています。

どうですか？　相続税の申告期限までに、遺産分割協議がまとまらない場合は、せっかくの税の〝優遇措置〟を受けることができなくなって、本当だったら、払わなくてもいい税金をいったんは払わされることになってしまうというわけです」

次　郎「ン――、何事も欲をかくとロクなことはないということですね」

3章

「贈与」を使って相続税をゼロにする8つの方法

今回の税制改正のうち相続税は基礎控除額の引き下げや税率の引き上げなど、相続税のすそ野を広げるという意味では大変きびしい内容のものとなりました。

その一方で、高齢者から若い世代への財産の移転については、これを促進する方向へと流れが変わりました。

そこで、ここからは相続税、贈与税からいかに自分の財産を守っていくか、あるいは、これをどううまく利用して財産の保全を図っていくかということについてお話をすすめていきたいと思います。

相続税、贈与税というのは、財産の取得に対してかけられる税金ですから、理屈としては、「財産を減らす」「財産の評価を下げる」ことで税金を少なくすることができます。

また、個人の生活の基盤をなす財産が対象となる事も多いですから、税制上、様々な優遇措置、軽減措置が設けられています。納税者のことを思って作られた制度ですから、これも利用しない手はありません。

というわけで、相続税の節税対策は、

1・財産を減らす対策

2・財産の評価を下げる対策

３・法律上の制度を利用する戦略

という「３本の矢」でトータルに計画・実行していく事が必要になります。

一番最初の「財産を減らす対策」というのは、相続の開始前になるべく相続税の対象となる財産を減らしてしまうという作戦です。

もちろん、これは誰かに自分の財産を売り払ってしまうということではありません。そんなことをしても売った財産が「現金」に変わるだけですから、相続税対策としては何の意味もありません。

ここでいう「減らす」というのは、子や孫に財産を贈与するという意味です。贈与をすれば、相続税を減らすことができて、しかも、大切な財産を若い世代に有効に使ってもらうことができます。もちろん、贈与もウカツにやれば、贈与税という相続税以上に高い税率の税金がかかってしまいますから、そこは慎重かつ計画的なタックスプランニングが必要です。

というわけで、相続税の基礎の基礎について話を聞いた次郎さんは、次に相続税の節税対策について話を聞いてみることにしました。

①毎年110万円の基礎控除額を利用して相続財産を減らす方法

次　郎「じゃあ、先ず、財産を減らす対策というのから教えて下さい」

税理士「わかりました。でも、その前にちょっとだけ、そもそも「贈与とは何か？」ということについてお話しをさせて下さい。

先ず、贈与というのは、法律的にはモノをあげる人ともらう人の双方がいて、一方が「あげましょう」、もう一方が「いただきましょう」という両方の意思の確認があってはじめて成立する「契約」のことです。これは「民法」という法律でもってそう規定されています。

もっとも、「契約」とはいっても、必ずしも「紙」に書いたものでなくてもかまいません。いわゆる口約束であっても契約は成立します。ただ、現実には後で「言った」「言わない」の論争になる事が多いということがありますし、税務上も、ちゃんと双方の意思の確認があって「贈与」が行われたかどうか、その証明として「契約書」を作っておくべきだということもあって、普通は契約書を作るわけですね。ここの部分は、これから色々とお話しをする贈与を考えるうえでも大変重要な部分ですから、しっかりと押さえておいてくださいね。

ところで、贈与税の計算方法には、

①暦年課税方式

②相続時精算課税方式

のふたつの方法があることは第1章でお話しした通りですが、贈与を利用した相続税の節税対策の最初は、①の暦年課税方式を利用した方法です。この方法は、1年間にある人が贈与を受けた財産をゼ~ンブ合計して、そこから贈与税の基礎控除額110万円を控除して、プラスだったら課税、マイナスだったら課税はなしというやり方でしたね。

ですから、理屈としては、毎年、この110万円の範囲で「贈与」を繰り返していって、相続財産を子や孫の世代に移してしまえば、相続税の課税はゼロということになります。

とはいっても、非課税枠は年間110万円ですから、1年や2年、この贈与を繰り返したところで、大した節税効果はありません。

効果を生むためには、10年、20年という長期計画で贈与を行うこと、また、子供だけでなく、孫にも贈与するといったように、贈与の範囲も拡大する必要があるというわけです。

たとえば、お母様の花子さんに1億円の財産があったとしますね。相続人は次郎さんとお兄さんのお2人ですから、基礎控除額は3000万円+600万円×2人で4200万円です。そうすると、このままでは相続税は将来770万円ということになってしまいます。じゃあ、お母様の財産を相続税の基礎控除額以下にまで減らすためには5800万円(1億円と基礎控除額4200万円との差額)を移動させなくちゃいけませんから、そうすると、次郎さんとお兄さんのお2人に加えて、それぞれの奥さんやお子さんにまで範囲を広げると、対象者は全部で9人です。その9人に毎年110万円ずつ贈与していったとしたら、6年たらずでお母様の財産を相続税の基礎控除額以下になるまで減らせるというわけです」

●まとめ

【暦年課税方式】

基礎控除額(年間1人当たり110万円)を超える贈与を受けた場合に課税される方式。毎年、子や孫を対象に基礎控除額の範囲内で贈与を繰り返すことで、相続財産を相当額減らすことができる。贈与者、受贈者ともに年齢等の制限は一切ない。

●暦年課税

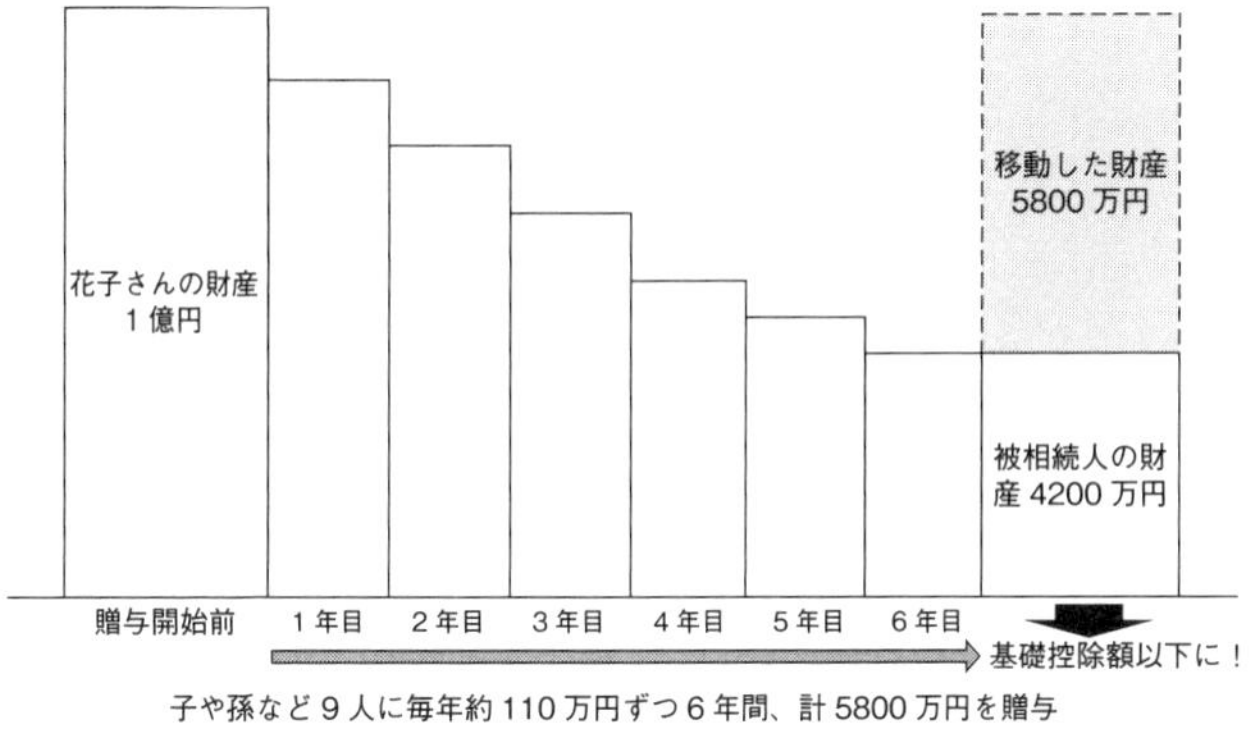

≪暦年課税≫
長所：贈与した財産は相続が始まっても税金計算に関係しない（相続開始前3年間の贈与を除く）
欠点：一度にたくさんの財産を動かせない

●相続時精算課税

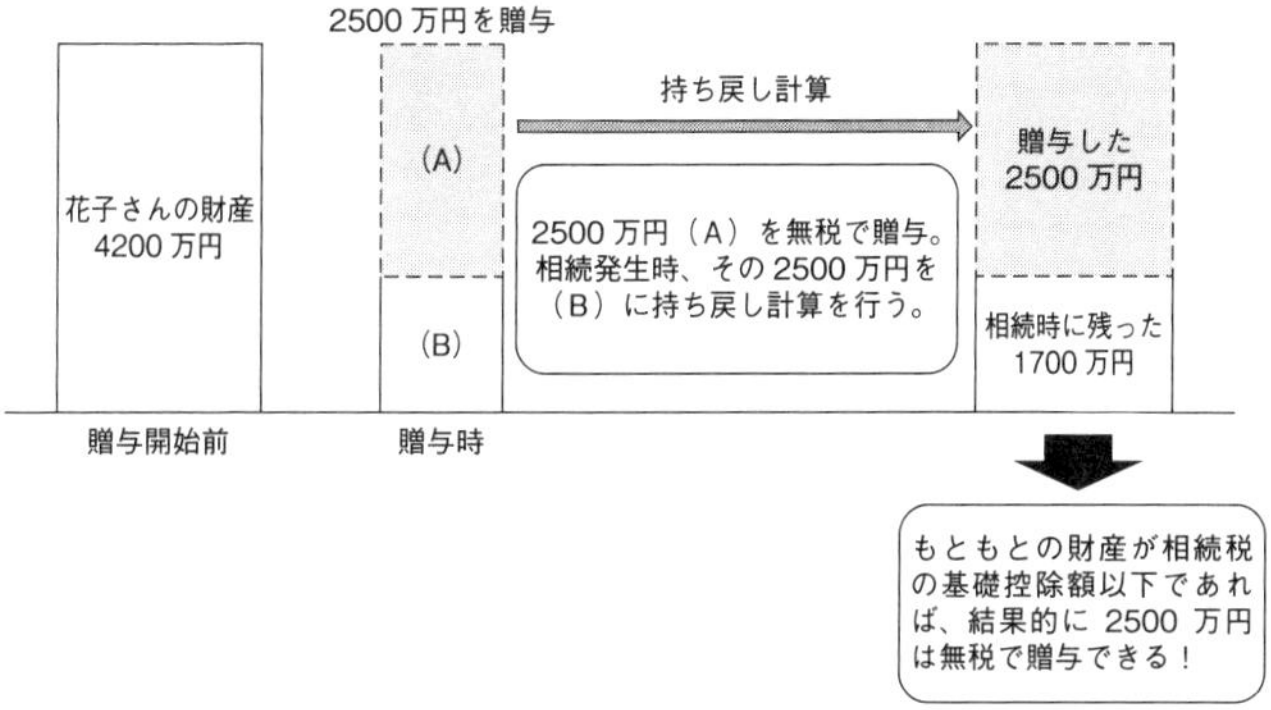

≪相続時精算課税≫
長所：一度にたくさんの財産を無税で贈与ができて、財産の有効活用ができる。
欠点：贈与した財産は、相続時には相続財産に足し直して税金計算がされる

② 相続税と贈与税の実質負担率を比較して贈与額を設定する

次　郎「わかりました。しかし、うちの様に母が高齢だと、今の様な方法は……」

税理士「そうですね。次郎さんのお母様の様な場合だと、失礼ながら、そう悠長に構えてもいられませんから、なかなかこの方法だけでは大変ですね。そこで、次善の策としては、多少贈与税を払っても、結果として相続税を払うよりも得となる様に毎年の贈与額を設定するという方法が考えられます。ただし、そのためには、相続税と贈与税の実質税負担率を比較して、どちらが有利かを見極めることが必要です。

先ほど、お母様の花子さんに1億円の財産があった場合は、次郎さんとお兄さんのお2人が負担する相続税は将来770万円になるというお話しをしましたね。1億円の財産に対して770万円の相続税ですから、税金の実質負担率は7・7％になります。

そこで、今度は毎年1人当たり215万円の財産を贈与するとします。基礎控除額の110万円はオーバーしますが、超過額は105万円で、税額は10万5000円です。

対象者は毎年9人ですから、3年間で約5800万円の財産を移転することができて、税金も3年間で約280万円で済みます。税金の実質負担率は2・8%です。もちろん、残った財産は相続税の基礎控除額以下ですから、相続税はゼロになるというわけです」

次　郎「なるほど、トータルで考えるとずい分得ですね」

税理士「ええ、そうですね。ただ、現実には毎年215万円ずつ、9人に対して贈与するという様なことは、財産がほぼ現金だけという場合であればともかく、土地や家屋が大部分を占める様な場合は、そんな細切れの贈与では移転登記費用だけでも相当な額になってしまいますし、第一、権利関係が複雑になり過ぎて大変です。

実際には、財産の状況によってどう具体的に進めて行くか、慎重な見極めが必要になってくるところですね」

毎年の贈与はここを間違うと大変なことになる!

税理士「ところで、毎年、贈与を繰り返すことを「連年贈与」といいますけど、こういう贈与を実行する場合にひとつ注意すべき点があるんですね。

それは、最初にたとえば「これから10年間、毎年100万円ずつ現金を贈与します」といった内容の契約書を作って、あるいは、そういう約束のもとに贈与を実行すると、税務署から「これから10年間、毎年100万円ずつ現金を受け取る権利を今、与えた」ととらえられるということです！（これを「定期金に関する権利」といいます）

年利1％で1年後に101万円になる定期預金があるとしたら、最初に預け入れる金額は100万円になりますね。これと同じ理屈で、要は、将来受け取るであろう一定額を、ある利率で運用するとしたら、その現在価値はいくらかということで評価されてしまうというわけです。

ご存じの様に、今の日本は大変な超低金利時代ですから、将来の受取額と現在価値はさほど開きがありません。これから毎年100万円ずつ、10年間受け取る権利の現在価値は基準金利1・5％で計算した場合、約920万円で、ほぼ一時金（1000万円）と同額ということになってしまいます。

毎年に100万円ずつの贈与なら、税金はゼロ。でも、定期金とみなされてしまったら、税額はなんと153万円（改正予定・親から20歳以上の子・孫に贈与の場合）にもなってしまいます。

こういった事態を避けるためにも、毎年の贈与の際には新たに贈与契約書を作成するといったことが必要になります。

ところで、この連年贈与については「一定額の贈与を毎年繰り返していると、『定期金に関する権利』の贈与とみなされて、一度に課税される可能性がある。これを避けるためには、毎年の贈与額に少し変化を持たせたり、年によって少し贈与税を払っておいた方が良い」といった〝都市伝説〟がまことしやかに語られているようですが、そもそもの契約の仕方さえ間違わなければ、そんな必要はありません。

要は、最初に「これから10年間、毎年100万円ずつを贈与する」といった契約が最初にあるのかどうか。

もし、そんな契約がなければ、課税される心配はないというわけです」

●まとめ

【毎年110万円の贈与を繰り返すだけの時間的余裕がない場合】

相続税と贈与税の実質税負担率を比較して、贈与税と相続税のどちらが結果的に有利か判断して毎年の贈与額を設定する。

③ 高額な収益物件を一度にドカッと贈与してしまう方法

次　郎「いずれにしろ、贈与は一度に大きな財産を移すことはできないということですね」

税理士「基本的にはそうです。贈与税の税率は大変高いですからね。ただし、これは、暦年課税方式の場合です。贈与には、先ほどお話しした様に、もうひとつ、

相続時精算課税方式

というのがあります。内容については第1章でも少しお話ししましたけど、60歳以上の親から20歳以上の子供または孫に贈与する場合は２５００万円まで無税で贈与ができるという制度です（ちなみに、２５００万円を超える財産の贈与があった場合は、その超過部分に対して一律20％の税率で税金がかかります）。

ただし、この適用を受けるためには届出書の提出など一定の条件にしたがうことが必要ですし、それよりもなによりも、いったんこの制度の適用を受けて贈与された財産は、いざ相続が開始されると、その時に残っている財産、つまり相続財産にもう1回戻して、そ

こで、あらためて相続税の計算をしなくちゃいけないことになっているんです」

次 郎「でも、そうすると、この制度の目的って一体何だろうって思ってしまうんですが」

税理士「そうですね。確かにわかりにくいですね。でも、この特別控除額の2500万円という数字にはちゃんと意味があるんです。

それは夫婦に子供2人という標準的な4人家族で相続が発生した場合、基礎控除額は改正前で5000万円＋1000万円×3人ですから8000万円になります。で、これをその3人で割ると2666万円、すなわち、約2500万円になるというわけです。

つまり、標準的な4人家族であれば、ひとり当たり2500万円までの相続財産をもらっても、相続税はかからないことになると。

じゃあ、実際に相続が始まる前に財産の移動があっても、親世代の財産の有効利用ができるわけだし、その金額までの贈与なら税金をかけなくてもいいんじゃないかという、そういうことでこの制度ができたわけです。

だから、相続時精算課税制度はもともと相続税がかからない程度の財産しか持っていない場合に一番使える制度なんですね。何せ2500万円までの財産なら無税で子供か孫に移動できるわけですから。

ただし、この制度は一度これを選択したら、その贈与者から贈与を受ける財産については、もう普通の贈与（暦年課税）には戻ることができない決まりになっていますから、最初の選択には慎重な判断が必要とされるというわけです」

次　郎「そうすると、この制度は相続税対策としてはどう使えるんでしょうか？」

税理士「相続時精算課税制度はいったん贈与された財産を、相続の時にあらためて相続財産に足し直して、税額計算を行うということをお話ししましたね。

で、その時の贈与された財産の評価というのは、相続時の評価額ではなくて、贈与された時の価額で評価されるんです。つまり、これは、将来、値上がりが期待できそうな資産を前もって贈与しておけば、相続税の計算上、有利にはたらくということになるんですね。

たとえば、これから値上がりが大いに期待される土地や大きな成長が見込まれる会社の株といった財産はまさにこの精算課税制度にピッタリの財産といえるわけですね。

しかも、非課税枠は２５００万円ですから、暦年課税の様に細切れにして財産を贈与する必要もありません。

また、優良な賃貸物件なんかを、この制度を利用して移転してしまえば、無税もしくは通常の贈与税よりも低い20％という税率で、被相続人の財産を減らすことができます。
しかも、賃貸物件から上がる収入は通常であれば、被相続人の財産として積み上がっていきますが、贈与してしまえばその収入自体も子供や孫のものとなりますから、そういう意味でも被相続人の財産を減らすことができるというわけです」

●まとめ

【相続時精算課税方式】

贈与者　60歳以上の親
受贈者　20歳以上の子供または孫
基礎控除額　2500万円（2500万円超の部分の税率　一律20％）
ただし、届出書の提出など一定の条件にしたがうことが必要。また、いったんこの制度の適用を受けた場合は、その贈与者については「暦年課税方式」に戻ることはできない。なお、贈与された財産は相続開始時に相続財産に足し直して、相続税の精算をすることが必要で、その際は贈与時の評価額で税額の計算がされるため、将来値上がりが確実な資産を贈与した場合は税務上、納税者に有利にはたらく。

④ 住宅資金として現金を子や孫に無税で贈与してしまう方法

次　郎「他にも何か無税で贈与ができる制度というのはありますか？」
税理士「あります。住宅資金の贈与を受けた場合の贈与税の非課税制度がそれです。この制度は、

①両親または祖父母から
②20歳以上の子や孫が住宅取得用の資金の贈与を受けて
③贈与を受けた年の翌年3月15日までに、その資金で住宅の新築や取得、増改築などをして、その家屋に居住するか、または居住することが確実と見込まれる

ということを条件に、贈与された資金のうち700万円（省エネ住宅の場合は1200万円）まで贈与税が非課税になる制度です。しかも、この制度の適用を受ける場合であっても、通常の贈与税の基礎控除額110万円は利用することができますから、トータル810万円までは無税で住宅資金がもらえるというわけです」
次　郎「なるほど。810万円だったら、少なくとも頭金としては十分ですね」

税理士「ええ。でも実はこの贈与税の非課税制度は、さっきお話しした相続時精算課税制度とダブルで適用を受けることもできるんです。

相続時精算課税の特別控除額は2500万円でしたね。それにこの700万円の非課税制度も使っていいということになると合計で3200万円まで、もちろん、住宅の新築や購入、増改築という使途の制限はありますけど、これだけの資金を無税でゲットできるわけです。残念ながら、通常の基礎控除額の110万円は適用を受けることができませんが、それでも合わせて3200万円ですから、贈与を受ける側の子供や孫にとっては大変ありがたい話です。

ただし、700万円の方はもらいっぱなしということでいいんですが、2500万円の方は精算課税の適用を受けますから、そうはいきません。相続が発生すれば、その時の相続財産に足し直して、相続税の計算をしなくちゃいけないわけで、相続税の節税ということには残念ながらなりません。

とはいっても、たとえば3000万円の資金を銀行から借りて住宅を購入するとしたら、金利2％でも、返済期間35年で計算した場合の利息の総額は1000万円を超えてしまいます。それを考えたら、たとえ相続税を払うことになったとしても、やはり、利用価値は十分あるといえますね。

最後に、この贈与税の非課税枠の700万円は〝お金をもらう人〟ごとの判断ですから、父親と母親の両方から700万円ずつもらえば、半分は税金の対象となります。一方、精算課税の方は〝お金をあげる人〟ごとの判断ですから、両親から合計5000万円のお金をもらっても贈与税はゼロです。この点もよくよく注意していただきたいと思います」

●まとめ

【住宅資金として現金を贈与する方法】

贈与者　両親または祖父母（年齢制限はない）

受贈者　20歳以上の子供または孫

方法1　住宅資金の非課税枠700万円（A）＋基礎控除額110万円＝810万円

方法2　（A）＋精算課税の非課税枠2500万円＝3200万円

（注）贈与税の非課税枠は贈与を受ける年によって次の様になる。

平成25年　700万円（省エネ等住宅の場合　1200万円）

平成26年　500万円（省エネ等住宅の場合　1000万円）

⑤ 教育資金1500万円を無税で子や孫に贈与してしまう方法

次 郎「私の様に、孫が未成年の場合に利用できる制度というのは何かありますか?」

税理士「はい。そういう場合は、第1章でお話しした教育資金の一括贈与という新しい制度が使えますね。

あらためてこの制度の概要をお話しすると、30歳未満の個人を対象に、両親や祖父母から、教育資金に充てることを目的に金融機関などとの一定の契約に基づいて、

①信託受益権を付与された場合

②贈与された金銭を銀行などに預入れた場合

③贈与された金銭で証券会社などで有価証券を購入した場合

は、その信託受益権や金銭のうち1500万円までについて、その金融機関などを通して教育資金非課税申告書を提出することで贈与税が非課税になるというものです」

次 郎「教育資金といっても、入学金や授業料だけじゃないというお話しでしたね」

税理士「ええ、今回の教育資金は先ず、

①学校等に対して直接支払われる金銭
②学校等以外に対して直接支払われる金銭

のふたつに分かれます。

ちなみに、ここでいう「学校等」というのは学校教育法で定められた幼稚園や小中学校、高校、大学、それから専修学校や各種学校などのことをいいます。

で、①の方は入学金や授業料だけではなくて、学用品の購入費や修学旅行費、学校給食費なども含まれます。

それから、②の方は学習塾や水泳教室、ピアノ教室などの先生に対する支払いや施設の使用料なんかが対象になります。

しかも、その範囲はスポーツや音楽などに限らず、「その他　教養の向上のための活動に係る指導への対価」も含まれることになっていますから、かなり広範なものになると考えていいでしょうね。ただし、②の学校等以外の場合は５００万円が限度となります。

それからこの１５００万円の非課税の取扱いは、贈与を受ける側ひとりひとりの判断ですから、お孫さんがたとえば３人いらっしゃれば最大４５００万円まで無税で相続財産が減らせるというわけです。ただ、これが使えるのは、その贈与を受けた人が30歳になるまでです。30歳になった時に使い残しがあれば、その時点で残額に対して贈与税がかかってしまうことになります。

いくら1500万円まで非課税だといっても、将来の使い道をある程度予想してからでないと、後々、思わぬ課税を受けるハメになってしまうかも知れません」

●まとめ

【教育資金の一括贈与】

贈与者　直系尊属（父母、祖父母）
受贈者　30歳未満の子供または孫
方　法　金銭等を金融機関等に預入等する方法
非課税枠　1500万円
非課税対象　学校等の入学金や授業料または学習塾等の講師に対する支払等。ただし、受贈者が30歳になった時点で使い残しがある場合は、その残額に対して贈与税がかかることになる。

⑥ 扶養義務者間の生活費・教育費をその都度、無税で贈与する

次　郎「確かに、孫がまだ小さい場合は将来のことなんてわかりませんからねぇ」

税理士「ええ。ただ、教育費の贈与ということでいえば、今回の新しい規定が誕生する以前から、扶養義務者相互間での教育費の贈与というのは、それが、

①必要な都度、直接それに充てるために行われるもので

②通常必要と認められる金額の範囲のものである限り

贈与税はかからないという規定があります。

ポイントは「扶養義務者相互間」の贈与であることです。扶養義務者というのは法律上、配偶者、直系血族（親、祖父母、子供、孫）、兄弟姉妹、それに生計を一にする3親等内の親族（甥や姪、おじ、おば）のことをいいますから、遠く離れて暮らすおじいさん、あるいはおばあさんが孫のために大学の学費を出してあげても、それに対して贈与税がかかるということはありません。

この場合、両者が同居しているかどうかや生計を一にしているかどうかというのは関係

がありません。必要なのは直系血族であるかどうかということだけです。もちろん、両親がその入学金を支払えるだけの資力を有しているかどうかということも関係しません。

金額的には一般に必要と認められる範囲のものであるかどうか。入学金は300万円なのに、それ以外にも色々と物入りだろうからと、上乗せで払えばそれは贈与ということになるかも知れません。

ただ、この規定は教育費だけではなくて、生活費についても適用があります。そうすると、その上乗せ部分が当面の生活費として必要と思われる範囲のものであれば、一概に「贈与税の対象だぁ！」ということにもならないでしょうし、そもそも、一般に必要と認められる金額というのも、一律にいくらと決められる性質のものでもありません。

税務も「資力その他一切の事情を勘案して社会通念上適当と認められる範囲の財産をいう」と規定していますから、確かに、一般のサラリーマンのレベルで必要とされる生活費と資産家のそれとは自ずと違ったものになるのは当然のことで、要は、それぞれの環境の中で常識を持って判断して下さいということになるのだろうと思います。

小学校に上がったばかりの孫について、将来の学費を予想して1500万円を限度にお金を銀行に預けることは実際のところなかなかむずかしい面があります。その点、中学、高校、大学と必要に応じて孫の支援にお金を使うのであれば、それでもある程度まとまった額の財産を無税で移すことができて、無駄もなく、孫にもその親にも喜ばれるというわけです」

次　郎「ン――、これは一度じっくり考えてみた方がよさそうですね」

●まとめ

【扶養義務者相互間における生活費・教育費の贈与】

●非課税の条件

・扶養義務者相互間における贈与であること

・必要な都度、直接それに充てるために行われる贈与であること

・通常必要と認められる金額の範囲のものであること

扶養義務者とは　配偶者、直系血族、兄弟姉妹、生計を一にする3親等内の親族のことをいう

⑦生命保険料を贈与して税負担を安くおさえる方法

税理士「ところで、山田さんも今生命保険にはいくつか入っておられると思いますが、万が一のことが起こって保険金がおりた時の税金については、多くの方があまり良く理解されていない様です。

たとえば、契約者と被保険者（その人が亡くなったら保険金がおりるという場合の〝その人〟のこと）それに保険料の負担者がすべて山田さんで、受取人が奥様という場合、山田さんに万が一のことが起こった時の保険金に対する税金はどうなるでしょうか？」

次　郎「えーと、私が死んだ場合ですから……相続税ですか？」

税理士「その通りです。ただし、生命保険金は残された家族の生活保障の意味合いがありますから、全部が税金の対象となるわけではありません。次の算式による非課税枠が受け取った保険金から引かれて、残りが相続財産となります。

500万円×法定相続人の数＝非課税枠

山田さんの場合だと、法定相続人は奥さんとお子さん2人の計3人ですから、入って来た保険金から1500万円を引くことができます。

もちろん、その引いた残りと他の財産を足し合わせて相続税の基礎控除額を超えた場合は、相続税がかかってきます。

ところで、同じ生命保険でも、山田さんが直接その保険料を支払う代わりに、その保険料と同額をお子さんに贈与して、そのお子さんが保険料負担者となった方が税務上有利にはたらくことがあります。

たとえば、山田さんがご長男の英寿さんに対して毎年110万円の現金を20年間にわたって贈与するとします。

もちろん、1年ごとの金額は贈与税の基礎控除額以下ですから、英寿さん自身には1円の税金もかかりません。

で、英寿さんは、その110万円で山田さん、つまり父親を被保険者、自己を受取人とする終身保険に入ります。

払込期間は贈与期間と同じ20年、年払い保険料も贈与額と同じ110万円とすると払込み総額は2200万円になります。

払込みは20年で終了しますが、死亡保険金を仮に２６００万円とすると、終身保険ですから、山田さんにいつ万が一のことが起こっても満額の２６００万円が死亡保険金として支払われます。

では、実際に、山田さんにその万が一のことが起こって、英寿さんが死亡保険金を手にした場合の税金はどうなるでしょうか？

英寿さんは、贈与されたお金を保険料として支払いますから保険料の負担者は英寿さん、保険金の受取人もご自身ですから、税金は英寿さんに対する所得税ということになります。

で、この場合の所得は「一時所得」といって

（保険金－それまでに払い込んだ保険料－50万円）×１／２

という算式で計算されます。

つまり、英寿さんの所得は、

（２６００万円－２２００万円－50万円）×１／２＝１７５万円

ということになるわけです。

所得税は、給料など他の所得と合算されて課税されますから、具体的に英寿さんの税金がいくらになるかは他の所得次第ですが、山田さんから贈与を受けたお金で２６００万円

のキャッシュを手にし、所得はわずか175万円。英寿さんは所得税を払った後のキャッシュを相続税の納税資金とすることもできますし、山田さんも、相続財産を無税で2200万円減らすことができるわけですから、双方にとって大変有利な方法ということがいえるわけですね」

●まとめ

【生命保険金を受け取った場合の課税関係】

・課税関係

（例）被保険者　父親　保険料負担者　父親　保険金受取人　母親→相続税の対象

（例）被保険者　父親　保険料負担者　子供　保険金受取人　子供→所得税の対象

・相続税の非課税枠　500万円×法定相続人の数

・所得税　（受取保険金－それまでに支払った保険料－50万円）×1／2＝一時所得

⑧ 一世代、資産をワープして相続税を安くする方法

税理士「さて、ここまで贈与を使って相続財産を減らす方法について色々とお話しをしてきましたが、最後に子供と孫とどちらに贈与した方が税務上、有利かということについて少しお話しをしてみたいと思います。

先ず、親から子供へ財産の引き継ぎがあった場合、そこで1回目の相続税の課税が発生します。

次に財産は、その子供の代で消費されてしまったものを除き、いずれ、孫の代へと引き継がれます。そうすると、その子から孫への引継ぎ段階で同じ財産に対してもう一度相続税がかかってしまうことになります。

相続税は世代間の財産の移動に対して課される税金ですから、最初の段階で、一世代、資産をワープさせることができれば、それだけムダな税金は払わなくてよいということになります。

それともうひとつ。

実は、相続が開始される前になるべく多くの財産を贈与する方法をお話ししてきたわけですが、税務はこれに対してひとつの予防策を設けています。

どういうことかというと、相続開始前3年以内に贈与された財産は、いざ相続が始まった段階で、いったん相続財産に戻して、あらためて、相続税の計算をする決まりになっているということです。

これを「生前贈与加算」といいます。

つまり、相続がある程度現実のものとして近づいてきた段階であわてて贈与した財産については「それ、本当は相続財産ですよね」ということで、緊急避難的な節税対策を封じ込める目的でこの規定が設けられたというわけです。

もちろん、贈与の時に払った贈与税は、持ち戻し計算で算出された相続税から引いてもらえますから、二重課税ということにはなりませんが、それでも、せっかくの節税対策が無駄になってしまうことに変わりはありません。

ただし、この規定が適用されるのは子供だけです。孫は遺言書で財産をもらうことがない限り、生前贈与加算の対象からははずれます。

つまり、相続の開始直前であろうとなんであろうと、孫についてはもらいっぱなしが許されるということです。

一般の贈与はもちろん、これまでお話ししてきた様な特例的な取扱いについても孫の世代がその対象者に含まれているのは、やはり、世代間の財産の移動をなるべくスムーズにして、生きたお金の使い方をしてもらおうという時代の流れがあるからなんですね。

山田さんもかわいいお孫さんのため、どうか色々と対策を考えてみて下さいね」

次 郎「わかりました（笑）」

●まとめ

【一世代資産をワープする方法】

親→子供 ではなく 親→孫 とすることで相続税の負担を一度回避できる

生前贈与加算（相続開始前3年以内の贈与）の対象外になる（注）

（注）相続の際に遺言で相続財産をもらわないことが条件

●「贈与」を使って相続税をゼロにする８つの方法

1	毎年 110 万円の基礎控除額を利用して相続財産を減らす
2	相続税と贈与税の実質負担率を比較して毎年の贈与額を設定する
3	高額な収益物件を一度にドカッと贈与してしまう
4	住宅資金として現金を子や孫に無税で贈与してしまう
5	教育資金 1500 万円を無税で子や孫に贈与してしまう
6	扶養義務者相互間の生活費・教育費をその都度、無税で贈与する
7	生命保険料を贈与して税負担を安くおさえる
8	１世代、資産をワープして相続税を安くする

4章

贈与をするなら必ずおさえておきたい6つのポイント

① 未成年者の子や孫に対する贈与は親が代理人になれば可能

次　郎「贈与の相手が未成年だと、税務上、何か問題になるようなことはありませんか?」

税理士「確かに、そこのところは多くの方が心配されるところですね。

　贈与というのは、これは前にもお話しした様に、法律的にはモノをあげる人ともらう人の双方がいて、一方が「あげましょう」、もう一方が「いただきましょう」という両方の意思の確認があってはじめて成立する「契約」のことです。

　そうすると一方が未成年者の場合、特に相手が小学生だったりした場合は、贈与といっても、「おこづかい、あげようね」っていう話とはワケが違いますから、そもそもそんな小さな子に意思の確認ができるのかということになってしまうんですね」

次　郎「じゃあ、やっぱり未成年じゃダメなんですね?」

税理士「いいえ、結論から申し上げると、贈与契約は相手がたとえ未成年者であっても法的に成り立つことになっています。

　小学生どころか、0歳児であって大丈夫です。

では、具体的にどう、そこのところを担保するのかというと、その未成年者の親が、いわゆる法定代理人として、贈与者との贈与契約を結んで、その契約の内容を受諾した旨の文言を贈与契約書に書くことで契約が成立することになるわけです。

ですから、後々、税務調査が入った時にトラブルとならない様、必ず贈与契約書は作っておかなくてはいけません。

特に金銭贈与の場合は、その未成年者の名義で口座を作り、現金をちゃんと移動しておく必要があります。

もちろん、贈与を受けた側は未成年者ですから、少なくとも、その子が20歳に達するまでは通帳も印鑑も親が管理するということでかまいません。

贈与を行う場合は相手が誰であれ、先ずは契約書をしっかりと作っておくことが大事ですが、相手が未成年者の場合は、特にこの点が重要です。

決して忘れないでくださいね」

次　郎「なるほど、親が代理で契約の当事者になれるというわけですね」

●未成年者に贈与する場合の贈与契約書

贈与契約書

贈与者　山田次郎は、受贈者　山田愛に金銭100万円を贈与し、受贈者 山田愛の法定代理人 山田英寿、山田綾香はこれを受諾した。

また、山田次郎は平成25年7月31日までに受贈者の下記口座に振り込むものとする。
○○銀行○○支店　普通口座１２３４５６　口座名義人 山田愛

平成25年7月15日

贈与者　住所
山田次郎　印

受贈者住所
山田愛
法定代理人　父　山田英寿　印
法定代理人　母　山田綾香　印

②
贈与が贈与と認められない場合も。「名義預金」は恐ろしい

税理士「それから、これは未成年者に限ったお話しではないんですが、自分のお金を、たとえば、奥さんや子供、あるいは孫の名義で預金口座を作っておいて、そこに預け入れるということがあります。

これを一般に「名義預金」といいますが、それが故意であれ何であれ、結果として相続財産からもれてしまうということがあるんですね。

もちろん、今は銀行のチェックもきびしいですから、なかなか他人名義の口座を作ることも容易ではないようですが、相続税の税務調査では名義預金の存在を指摘されて、これは実質的に被相続人の財産だから、相続財産に足し直してもう一度申告をやり直して下さいと言われることが非常に多いのもまた事実です。

で、この「名義預金」にも2種類あって、ひとつは相続税の課税を免れるために、意図的にやっているもの。いわば、確信犯的な名義預金ですね。

それともうひとつ。

そういう意図は全くなくて、奥さんや子供、孫が自由に将来使えるようにと、つまり、本人は本当に贈与したつもりで作った口座なんだけれども、残念ながら税務上はいわゆる「名義預金」と認定されてしまうものも多いんですね。

じゃあ、何でそんな風に見られてしまうのかというと、

・通帳の保管を名義人が行っていない

調査があって被相続人の自宅金庫を調べたら、子や孫名義の通帳が出てきたという場合ですね。

普通、そういったものは名義人が手元に置いておくものですし、仮に、名義人が未成年の孫であればその親が保管しているはずです。

・通帳の印鑑が被相続人が使用しているものと同じである

これも通常であればそれぞれの口座には、それぞれ別の印鑑を使うのが普通ですから、すべて同じ印鑑というのは、名義預金であることの証拠となってしまいます。

・通帳作成時などに必要な書類の筆跡が同じである

これも見られたら一目瞭然で、

「名義人の方はご存じない口座ですよねぇ」

となってしまいます。

せっかく、子供や孫のためにと作った口座が、

「自分はあげたつもりだったのに……」

などとなってしまわないように、贈与をする際にはちゃんと贈与契約書を作って、名義人がその預金を自由に使えるようにしておくこと。

また、基礎控除額を超えた分についてはちゃんと税金を納めていることが何よりも大事です」

次　郎「なるほど。贈与するならするで、ちゃんと手順を踏んでからということですね」

③ 借入金とセットでの贈与は要注意。「負担付贈与」の落し穴

税理士「ところで、贈与された財産のうち土地や建物などの財産は一定の方法で算出された評価額をもとにして税金の計算をします。この一定の評価をされた金額を相続税評価額といいます。

贈与の場合であっても相続税評価額というのはちょっとわかりにくい話かも知れませんが、贈与税っていうのは、相続税法という法律の中に一緒に規定されていて、実は、贈与税法という法律はないんですね。だから、贈与財産の評価額も同じく相続税評価額ということになります。

で、この相続税評価額ですが、土地の場合は大体、普通「時価」と言われる金額の8割程度で評価されます。

それから建物は建築価格の大体7割評価ということになります。

土地の相続税評価額＝「時価」のおおよそ8割

建物の相続税評価額＝「時価」のおおよそ7割

これ重要なポイントですから、よく覚えておいてくださいね。

で、土地の上にアパートを建てると、両方とも利用制限を受けることになりますから、さらに評価を下げることができます。時価1億円の土地の上に同じく建築価格1億円のアパートを建てた場合、合わせて時価2億円の財産は相続税評価額で大体1億2000万円ぐらいになってしまいます。

じゃあ、その評価額と同額の1億2000万円を銀行から借りて、土地建物にその借入金もくっつけて贈与したとしたらどうなるでしょうか。もらった側は将来の借入金の返済義務は負うものの、税務上は土地建物の評価額1億2000万円からそれと同額の借入金を引くことで課税対象額をゼロにし、なおかつ時価2億円の財産を手にすることができるわけですから、まことに結構なお話しです。

この手法はバブル華やかかりし頃に大いに流行りました。でも、ほどなくそういった租税回避行為を封じ込める目的である通達がでました。それは借入金と抱き合わせの贈与、これを「負担付贈与」っていいますけど、そういう場合は贈与した財産を相続税評価額ではなく実際の取引価額で評価しなさいという内容です。ですから今この負担付贈与をやったら時価2億円から借入金1億2000万円を引いた残りの8000万円に対して贈与税がかかってしまいます」

次　郎「じゃあ、アパートを贈与する場合に借金までつけてしまうと大変ですね」

税理士「ええ。でも、実は、借入金自体はなくても、それだけでもう安心とはいかない事情があるんですね。

どういうことかというと、アパートには普通入居者から預かった「預り敷金」というのがあります。

この預り敷金は本来、家賃の未払いに備えるために入居者から預かるもので、入居者に未払いがない限り、家主はその預り敷金の返還義務を負います。

ということで、「預り敷金」がある場合も、賃貸物件の贈与は「負担付贈与」ということになってしまうんですね。

でも、そんなことになったら収益物件の贈与はほとんどすべて時価で贈与ということになって納税者の負担が大変大きなものになってしまいますから、税務は、物件の贈与とともに、預り敷金相当額の金銭の贈与を行えば、これを「負担付贈与」とはみなさないということにしました。

つまり、相続税評価額での贈与が認めてもらえるというわけです。

ここは大変重要なポイントなので繰り返しますね。

・アパートなどの収益物件を贈与する場合の注意点

アパート本体＋金銭（預り敷金相当額）のセットでの贈与であれば相続税評価額でOK

ということです。

ただ、アパート1棟を子供に譲ろうという場合は、ついつい預り敷金のことは忘れて贈与してしまうということが多いんじゃないでしょうか。子供のため、孫のためと思った贈与が、思わぬ税負担を強いることになってしまったら大変です。くれぐれも注意したいところですね」

次　郎「確かに、預り敷金のことはつい忘れてしまいそうですね」

④ タダでもらえる「贈与」もお金がかかるって、どういうこと？

税理士「さて、贈与というのは、これはもう何度もお話しして来たように、暦年課税方式であれば、基礎控除額の１１０万円以下の贈与である限りタダで財産をもらうことができます。

相続時精算課税方式の場合も、もともとの財産が相続税の基礎控除額以下であれば、いざ相続開始ということになっても相続税はかかりませんから、結局はタダで財産をもらうことができます。

ただし、このタダで財産をもらうことができるというのはあくまで贈与税や相続税がかからないという意味においてです」

次　郎「え？　じゃあ、他の税金はかかってくるんですか？」

税理士「そうです。先ず、贈与をした場合は後々のことを考えて常に贈与契約書を作っておく必要があるというお話しを何度もしてきましたね。

実は、この贈与契約書には贈与する財産によって印紙税が必要な場合とそうでない場合の2通りがあるんです。

というわけで、先ずは必要な場合からお話しすると、土地や建物などの不動産を贈与した場合は印紙税がかかります。

問題はその金額です。たとえば、土地を時価の1億円で売ったとしたら、契約金額1億円に対する印紙税は4万5000円になります。じゃあ、贈与の場合は相続税評価額の8000万円が契約金額ってことになって、それに見合う印紙を貼らなきゃいけないかっていうと、幸いそうはなりません。

贈与ですから印紙税法上は「契約金額の記載のないもの」ということになって印紙税はわずか200円（！）で済みます。

たとえ、契約書に相続税評価額を書いたとしても（普通書きませんが）それは契約金額とはみなさないということです。

一方、現金や株などの財産はその金額や評価額がいくらであろうと印紙税は一銭もかかりません」

次　郎「じゃあ、印紙税はかかっても最大200円ということですね。他には？」

税理士「土地や建物の贈与を受けた場合には、所有権の移転登記費用として登録免許税を払う必要があります。

税率は土地や建物の固定資産税評価額の2％です。時価1000万円の土地だと固定資産税評価額はおおむねその7割ですから、700万円の2％で14万円ということになります。

じゃあ、同じ土地を仮に相続でもらったとしたらどうかというと、こちらは税率0・4％ですから税額は2万8000円で済みます。同じ土地をもらっても相続と贈与ではこれだけ大きな開きがあるんですね。

ちなみに、移転登記は法律上、いつまでにしなければいけないという期限はありません。ですから、現実には相続や贈与があっても登記上の所有者は前のままという例はめずらしくありません。

ただし、不動産は後々、権利関係でもめることも少なくありません。贈与を受けたら、なるべく早く登記のやり直しはやっておくべきですね。

それからもうひとつ、贈与で不動産を取得した場合は不動産取得税もかかってきます。こちらも登録免許税同様、土地や建物の固定資産税評価額に税率をかけて計算されます。税率は土地と住宅が3％、住宅以外の家屋が4％。ただし、宅地は固定資産税評価額を2

分の1にしたものに3％をかけることになっていますから、先ほどの例だと700万円の2分の1の3％で約10万円。さらにそこから一定の控除額を引くことができますから、税額はかなり軽減されます。家屋の場合も固定資産税評価額から1200万円を控除できるなどの優遇措置がとられています。

ちなみに、不動産取得税がかかるのは贈与の場合だけです。相続で取得した不動産については不動産取得税はかかりません」

●贈与にかかる税金のまとめ

贈与契約書に貼る印紙税　土地・建物　200円（現金や株の場合はなし）
所有権移転の場合の登録免許税　固定資産税評価額×2％
不動産取得税（原則）　固定資産税評価額×3％（注）
（注）土地及び住宅の場合。住宅以外の家屋の場合は4％

⑤ 贈与を平等にできない時、できなかった時はこの手がある

次　郎「ところで、子供や孫に贈与をするにしても、いつもみな平等に――とはいかない場合もあると思うんです。そんな時の注意点というのは何かありますか?」

税理士「ン――、これは大変難しい問題ですね。

　確かに、どんな財産を持っているかによって贈与の仕方も当然、違ったものになってきますからね。

　現預金が主な財産なら、それほど苦労もいらないでしょうが、土地や建物などの不動産、あるいは同族会社の株といった場合は、単純に子供や孫の頭数で割って「ハイ、どうぞ」というわけにもいきませんからね。

　誰にどの財産をどのタイミングで贈与するかは、受け取る側の事情を考慮しつつ、個々に対応していくしかありませんが、贈与のやり方によっては、将来の相続に禍根を残す結果ともなりかねませんから、注意が必要です。

　そこで、そういったお話しを次郎さんのお兄さんである一郎さん一家を例に少ししたい

と思います。

一郎さんは福岡で会社を経営されていますね。で、この会社を長男の孝史さんおひとりに継がせたいと考えているとします。一郎さんの財産はその同族会社の株がほとんどで、後は現預金が少しあるだけとしましょう。

そうすると、実質的に一郎さんの財産のほとんどは長男の孝史さんが相続するということになります。

そうした場合に奥さんや2人のお嬢さんが特にそれに対して異論がないという場合はいいんですが、そうじゃない場合は、いくら一郎さんが遺言書で会社の株の全てを孝史さんに相続させると書いていても、他の3人の方は相続財産のうち一定のものについてはこちらによこせと請求する権利があるんですね」

次　郎「え！　遺言書があってもですか？」

税理士「ええ、そうです。これを、

遺留《いりゅう》分の減殺《げんさい》請求権

と言います。

いわば、相続財産の最低保障部分です。相続財産は被相続人がどう分けようと原則、被相続人の自由ですが、かといって、家族以外の誰かに全財産をあげるなんてことまで無制限に認めていたら、残された家族はたまったものではありません。直系尊属の場合で3分の1、その他の場合で2分の1が遺留分として認められています。

ですから、一郎さんの相続財産が1億円だったら、その2分の1の5000万円は奥さんとお嬢さん方が孝史さんに請求する権利があるというわけです」

次　郎「しかし、できることならそんな事態は避けたいですね」

税理士「そうですね。でも、一郎さんが生きてらっしゃる間は、財産のほぼ全てを孝史さんに譲ることに家族全員が納得していても、いざ、相続となったら、そりゃあ、どうなるかわかりません。

そんな時に使えるのが、

遺留分の放棄

です。

これは家庭裁判所の許可をとったうえで、特定の相続人に相続財産の最低保障部分、つまり遺留分をあきらめさせる手続きのことをいいます。

そのうえで、一郎さんは同族会社の株の全てを孝史さんに相続させる旨の遺言書を書いておくわけです。

そうすると、いざ相続ということになっても、もうもめることはありません。ただし、他の相続人に遺留分をあきらめさせるだけで、それに対する見返りがなければ裁判所もなかなか許可をくれませんから、そこで生前贈与を利用して、財産のうちから現金など会社経営に影響しない範囲の財産を奥さんやお嬢さん方に渡しておくわけです。

また、そういう時に使えるのが生命保険です。一郎さんを被保険者とする生命保険の受取人を孝史さん以外にしておけば、保険金は他の相続人のものになります。

保険金はいくらたくさんもらっても、遺留分の対象となる財産には含まれませんから、さっきの遺留分の放棄にもふれることはないというわけです」

次　郎「なるほど。ところで兄のところは逆に末の娘が自宅の建築資金を親に全部出してもらったということで他の兄弟からも色々と不満が出ている様なんです」

税理士「そうですか。それは相続の時にひょっとしたら問題になるかも知れませんね。

ある特定の相続人だけが、生前に今言った住宅資金を援助してもらったとか、営業上の

資金援助をしてもらったとかという場合は、これを、

特別受益

といって、相続の際に様々考慮しなければいけない場合もあるんですね。

たとえば、一郎さんの相続財産が1億円だとして、相続人は長女のえみりさんと長男の孝史さん、それに次女のうのさんの3人だけとします（説明の便宜上、奥さんは相続人から外すことにします）。ただし、うのさんは生前に住宅資金をすでにもらっているわけですね。

で、これを2000万円とすると、一郎さんの財産は実は1億円じゃなくて、その2000万円の特別受益分を足した1億2000万円ということになります。そうすると、あるべき正しい財産の分け方は、

長女　1億円2000万円×1／3＝4000万円
長男　1億円2000万円×1／3＝4000万円
次女　1億円2000万円×1／3－2000万円＝2000万円

という計算になるというわけです。

ただ、現実には何をもって「特別受益」とするのかといった問題があります。

法律上は「遺贈を受け、又は婚姻若しくは養子縁組のため若しくは生計の資本として贈与を受けた者があるときは」という規定になっていますが、結婚資金でも特別高額な支度金を持たせてもらったとか、海外留学の費用を全部払ってもらったという様な場合は別にして、通常の結婚資金や教育資金程度では「特別受益」とは認めてもらえない様です。

ところで、被相続人が、「特別受益」について、相続が始まってもこれを考慮しないで、残った財産だけを相続人で分けてもらいたいという場合は、そのことを遺言書に書くことができます。

今の例でいえば、うのさんにあげた2000万円については、もう、とやかく言うことなく、残った1億円だけを兄弟3人で仲良く分けなさいという遺言書が書けるというわけです。

こうすれば、兄弟間の無用なもめ事も事前に回避することができるというわけですね」

次　郎「ン――、何れにしても、むずかしい問題ですね」

●遺留分は相続財産の最低保障

一郎さんに相続が発生した場合の「遺留分」は？

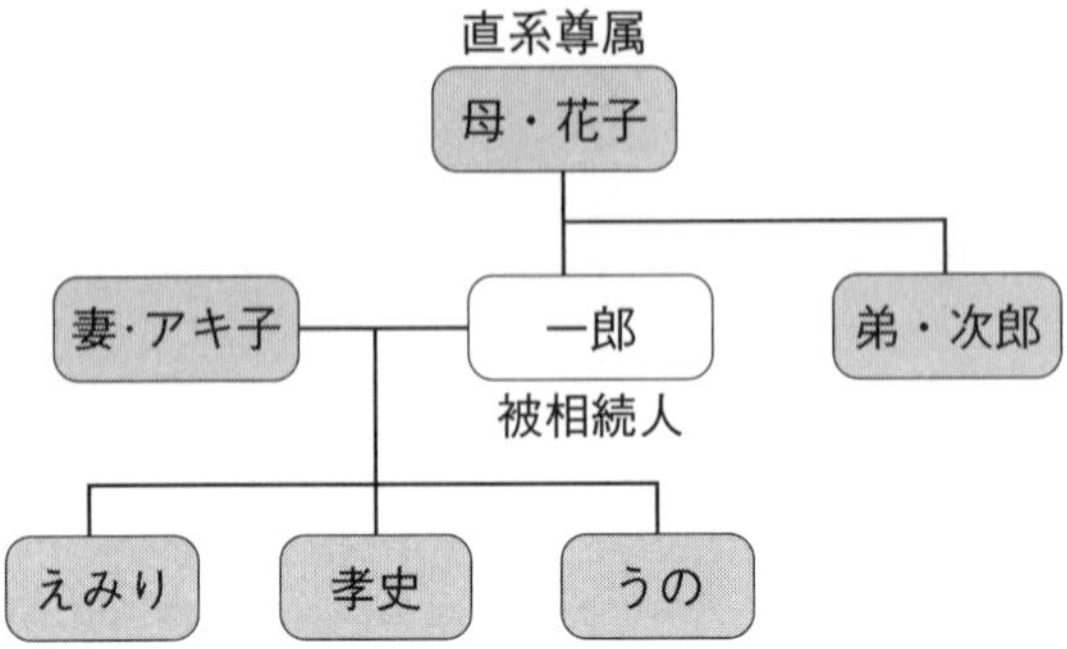

遺留分は
- ①. 直系尊属の場合･･･3分の1
- ②. ①以外の場合　･･･2分の1

一郎さんの相続財産が1億円だったら･･･

相続人	各人の遺留分は	
妻と子の場合	妻 1/2×1/2 2.5千万円	子供達3人はそれぞれ･･･ 1/2×1/2×1/3 830万円
妻と母の場合	妻 1/2×2/3 3.3千万円	母 1/2×1/3 1.6千万円
妻と兄の場合	妻 1/2 5千万円	兄 遺留分はなし
子供だけの場合	子供達3人はそれぞれ･･･ 1/2×1/3 1.6千万円	―
母だけの場合	母 1/3 3千万円	―

※遺留分権者が複数の場合は遺留分を法定相続分にしたがって分ける

⑥ ウッカリ名義変更をしてしまった場合でもこの手が残っている

税理士「さて、贈与にまつわる色々な問題についてお話しをしてきましたけど、最後に、ついウッカリ贈与をしてしまったという場合の対処法について少しお話しをしておきたいと思います」

次　郎「つい、ウッカリ贈与って、そんなことがあるんですか?」

税理士「ええ、意外とこういうことってあるんですよ。たとえば、父親が自分の土地の名義を本人には知らせずに子供や自分の奥さんの名義にしてしまったという様な場合ですね。

本人は相続税を逃れようとかそんな意図は全くなくて、子供や奥さんのためによかれと思って名義を変えてしまったわけですが、税務上、こういった行為も残念ながら贈与ということになってしまうんですね。

ただ、法律のシロウトである一般の人のやったことを杓子定規にとらえて、「さぁ、税金を払え」というのも酷だということで、税務上、一定の条件を満たせば、贈与はなかったということにしてもらうことができます。たとえば、お母様の花子さんがご自分の土地

の名義をお孫さんの英寿さんの名義に変えたとします。この場合、

・英寿さん自身がその名義人になっていることを知らず
・その土地を英寿さんが利用したり、そこから収入を得ることもなかった
・または、その名義変更が単なる勘違いや軽率にされたものである場合に
・最初の贈与税の申告若しくは決定または更正の日より前に名義をもとに戻した場合

は、贈与はなかったものとして取り扱ってもらえます。

ちなみに贈与税の申告の日というのは、贈与があった日を含む年の翌年2月1日から3月15日までです。また、「決定」というのは税金の申告がなかった場合に税務署から「あなたの税金は○○○円ですから早く払って下さい」と言われること。さらに「更正」は納税者の提出した申告書の税額に対して同じく税務署が「その金額は間違ってますから、追加で○○○円払ってください」と言ってくることです。

だから、間違って名義の変更をしてしまった場合に、最初の贈与税の申告期限が過ぎてしまったとしても、決して手遅れというわけではないんですね。税務署が「決定」や「更

正」をしてくるまでは名義の変更のやり直しはできるというわけです。

なお、不動産の贈与の時期というのは、一般にはその物件の所有権の移転登記をした日のことをいいますけど、さっきもお話しした様に、登記はいついつまでにやりなさいという期限はありませんし、費用がかかるということもあって、贈与はされても、登記は変えないままほったらかしということは珍しくありません。そういう場合は、契約書に書かれた日付（これを一般に契約書の効力発生日といいます）をもって贈与のあった日とすることになっています。

ところで、勘違いであれ何であれ、ともかく土地の名義を変更してしまってもう何年も経ってしまったと。しかも、名義人がその土地を使って商売をやっているといった場合、これはいくらなんでも「いや、知りませんでした」は通じません。ただ、それでも本来の申告書の提出期限から6年を過ぎてしまったら、実は、税務署は手も足も出せなくなってしまいます。正式には「更正等の制限期間」といいますけど、要は6年たったら、いわゆる一般にいう「時効」の様なもので、税務署は「申告がもれてますから、税金を払って下さい」とは言えなくなってしまうということです。

何れにしても、名義の変更などウカツにやってしまっては、後が大変です。贈与税は払わなくてすんだとしても、登記のやり直しなどについては登録免許税などの費用が発生します。

こちらは「間違いでした」といっても、それとは関係なく支払い義務が発生します」

次　郎「わかりました。オフクロにも今の話は一度説明しておいた方が良さそうですね」

5章

あなたの財産はこれで守れる！
節税対策「3つの矢」

贈与の話の後は、節税対策の「3本の矢」のうち、

・財産の評価を下げる対策

・法律上の制度を利用する戦略

のふたつについてお話しをしたいと思います。相続税は被相続人の財産を、いわゆる「時価」で評価して税額の計算をします。

ですから、持っている財産の評価を少しでも引き下げることが相続税の負担を軽くする決め手となるわけです。

3つめの「制度を利用する」というのは相続財産そのものを減らしたり、評価を下げたりせずに、いわば現状のままで、法律上の「制度」を利用するやり方です。単にその方法を知っているか、知らないか――それだけで大きく差がついてしまうというわけです。

さて、2番目の「財産の評価を下げる対策」については、次郎さんもさることながら、長男の一郎さんの方がむしろ大変興味があるということで、わざわざ遠く福岡から上京して、次郎さんとともに税理士さんの話を聞くことになりました。

①　6割減も！　不動産活用で評価はここまで下げられる

一郎「では、先生、今日はよろしくお願いします」

税理士「こちらこそ。今日は遠路はるばるありがとうございます。では、早速、評価切り下げの基本についてお話しを始めたいと思います。

先ず、相続や贈与といった場合、基本的に財産は「時価」で評価されます。「時価」というのは「売ったらいくら」「買ったらいくら」という時のいわゆる「相場」とか「市場価格」といわれるものです。

ただし、問題は実際にそれをどうやって決めるのかということです。同じ財産の評価でもそれを評価する人によってそれぞれ違っていては税金の計算上まずいですから、じゃあ、誰が評価しても同じ金額になる様にひとつの基準をつくろうということで国税庁が定めたのが、

財産評価基本通達

といわれるものです。

ここには株式やゴルフ会員権、はては牛や馬、骨董品まで、ありとあらゆるものの評価の方法が書いてあります。もちろん、土地や家屋の評価の仕方もちゃんと載っています。で、財産の評価切り下げというのは、具体的には現金や預金を不動産に変えることで評価額をドーンと落としてしまおうという作戦です。ということで、ここからはその切り下げの仕組みをひとつひとつお話ししていきたいと思います。

(1) 現金を土地に変える　土地の評価

土地の相続税評価額は、もうこれは何度もお話ししてきたように、時価の80％程度が目安となります。

そうすると現金で1億円もっていればそのままの評価ですけど、これを土地に変えることで評価額は8000万円になってしまいます。つまり、相続税の計算上2000万円がどこかに消えてなくなってしまうというわけです。もちろん、ものの価値自体は何ら変わることはありません。

土地の評価額＝時価の80％

ただし、80％というのはあくまで一般的な目安です。すべての土地がそうだというわけではありませんが、基本的な事柄ですからしっかりと覚えておいてください。

（2）土地を他人に貸してさらに評価を下げる「貸宅地」の評価

ところで、今お話しした80％評価というのは、あくまで、土地を更地のまま持っていた場合の話です。

では、今度はその土地を他人に貸した場合はどうなるかというと、借り手側に「借地権」という権利が発生しますから、所有者はその土地の処分について相当の制限を受けることになります。つまり、その権利分を差し引いた金額がその土地のあらたな評価額になるというわけです。

問題はその借地権をどう評価するかということですが、実際問題、土地の賃貸契約をする際に借地権としてお金のやり取りをするところは東京や大阪など一定の地域に限られている様ですから、個々の土地についてこれを算定するなんてことは現実には不可能です。

というわけで、実務上は、国税庁が日本全国の土地について定めている「借地権割合」というのを使って計算します。ちなみに、借地権割合は30％から90％まで10％刻みで７段階に分かれて定められています。一郎さんがお住まいの福岡市○○区○○１丁目３を調べ

てみると借地権割合は50％でした。仮にその土地の時価が先ほどと同じ1億円で、他人に貸し付けている土地だとしたら、

①土地の評価額　1億円×80％＝8000万円

②借地権の価額　①×50％＝4000万円

③貸地の評価額　①－②＝4000万円

があらたな評価額ということになります。どうです？　ただ、現金で持っていたら1億円でカウントされる財産が、それを土地にかえて他に貸し付けることで6割も評価を落とすことができるというわけです。

（3）土地を他人に貸す代わりに、賃貸アパートを建てる「貸家建付地《かしやだてつけち》」の評価

さて、今度は自分の土地を他人に貸す代わりに、アパートを建てた場合を見てみましょう。アパートを建てて、入居者が入ると、当然、そこに入居者の権利（借家権）が発生します。

つまり、土地の評価額はその権利分を差引いた金額になるというわけです。

控除される金額は具体的には、

土地の評価額×借地権割合×借家権割合（全国一律30％）

で計算されます。

先ほどの土地の例でお話しすると、

①土地の評価額　1億円×80％＝8000万円

②控除される金額　①×50％×30％＝1200万円

③貸家建付地の評価額　①－②＝6800万円

他人に土地を貸し付けた時にくらべて、評価額は高くなりますが、それでも時価の7割程度まで評価を落とすことができます。

ただ、ここで注意したい点がひとつだけあります。

アパートの敷地は入居者がいて、その分使用制限があるということで一定の評価減が認められているわけですね。つまり③は本当は、

③貸家建付地の評価額　①－②×賃貸割合

となります。つまり部屋数10室のアパートのうち、相続時に8室しかうまっていなかったとしたら賃貸割合は80％ですから、先ほどの評価額は、

③貸家建付地の評価額　①－②×80％＝7040万円

となってしまいます。

ただ、その空室がたまたま、相続の開始時期にあっただけで、その後はちゃんと入居者の募集がされていたとか、すぐに新しい入居者が決まったといった事情があれば、空室扱いしなくても良いということになっています。

というわけで、いずれにしろ他人に土地を貸した時にくらべて評価額は高くなってしまいますが、それでも相続税の節税対策としては十分に検討の価値はありますね」

一　郎「確かにそうですね。ところで、建物を建てた場合っていうのはどうなりますか？」

税理士「はい、建物も評価切り下げという点では土地に劣らず使い勝手があります。

(4) 現金を建物に変える

建物の評価は土地にくらべるとずい分シンプルで、

固定資産税評価額×1倍

という評価の仕方になっています。つまり、固定資産税評価額イコール相続税評価額というわけです。

その固定資産税評価額は普通、建築価格の70％程度ですから、建築価格1億円の建物で

あれば、相続税評価額は、

1億円×70％＝7000万円

程度になるというわけです。

（5）建物を他人に貸して評価を下げる「貸家」の評価

次に、建物を他人に貸した場合は、借り手側に「借家権（全国一律で30％）」という権利が発生しますから、建物の評価はその権利分を差し引いた金額になります。先ほどの建築価格1億円の建物の場合は、

1億円×70％×（1－30％）＝4900万円

ということになります。ただ、こちらも先ほどの貸家建付地と同様、賃貸割合を考慮する必要があります」

一郎「わかりました。ただ、不動産というのはその分リスクも考えなきゃいけませんね」

税理士「おっしゃる通りです。現金から不動産へのシフトというのは残念ながらメリットばかりじゃありません。相続財産の評価を下げることはできても、いざ、納税となった時

に、納税資金に事欠くといった状況になる可能性があります。

また、不動産は現預金と違って、単純に家族の頭数で等分するというわけにもいきません。分けられない財産は「争続」の原因ともなります。くわえて、その不動産を将来、売却したり、用途を変えようとした時に権利者間で話がまとまらず、結局は何もできなくなってしまうといったことだって考えられます。

特に、アパート経営については将来の空室リスクや大規模修繕の必要など、せっかくの相続財産が後々、思わぬ負担やトラブルの原因となるといったことも考えられますから、より慎重な判断が必要ですね」

●不動産シフトのリスク
- 納税資金が不足する
- 平等な分割がむずかしく「争続」の原因となる
- 権利関係が複雑になって売却等の際、話がまとまらない可能性がある
- 将来の空室リスク、大規模修繕などの負担が発生する

●評価引下げの王道　不動産活用の基礎

例）手元にある現金は1億円。これを不動産にかえたら・・・

1）時価1億円の土地を買ったら

相続税評価は時価のおおむね80% 8千万円	20%

2）その土地を他人に貸したら

貸宅地　4千万円	借地権（注）　4千万円

（注）借地権割合が50%の地域の場合

借地権の価額＝相続税評価額 × 借地権割合

4千万円　　8千万円　　50%

3）その土地に賃貸アパートを建てたら

貸家建付地　6千8百万円	入居者の権利 1千2百万円 （注）

（注）（2）と同様、借地権割合を50%とした場合

入居者の権利＝相続税評価額 × 借地権割合 × 借家権割合

1千2百万円　　8千万円　　50%　　30%

4）建物を買って、これを他人に貸し付けたら

①. 建物の評価　建築価格の70%　1億円 ×70%＝7千万円

②. 貸家の評価　7千万円－7千万円 × 借家権割合（30%）＝4千9百万円

② 賃貸アパートを使ったダブル効果で相続税はここまで安くなる

税理士「さて、不動産投資のリスクはリスクとして、実は、不動産を利用した評価引下げ効果は今までお話しした方法に加えて、税制改正のところでもお話しした小規模宅地等の特例を使ってさらに劇的に下げることができます」

一　郎「その特例って土地の評価額を80％下げることができるっていう規定ですね」

税理士「その通りです。ただ、居住用や事業用の土地というのは確かに減額割合は80％まで認められますけど、貸付用となると評価減の割合は50％ということになってしまいます。同じ事業でも貸付用とそれ以外の一般の事業では取扱いが違うんですね。まぁ、それでも半分ですから、節税効果としては大きいですね。さて、これを先ほどの例を使ってお話しすると、小規模宅地等の特例を適用する前で、

①土地　貸家建付地の評価　6800万円
②建物　貸家の評価　4900万円
合計　1億1700万円

ということになっていました。しかし、土地についてはさらに「小規模宅地等の評価減の特例」もダブルで受けることができますから、土地の評価は、

③小規模宅地等の評価減の金額　①×50％＝3400万円（注）

（注）対象となる面積の限度は200㎡までです

④差引き土地の評価額　①－③＝3400万円

ということになるわけです。どうです、これで時価1億円の土地と同じく建築価格1億円のアパート、合計2億円の財産は8300万円まで評価を下げることができました。率にして60％近い下落率です。

仮にお母様が2億円の財産を現金のままお持ちだったとしたら、お2人の相続税は3300万円にもなりますが、これを不動産投資に回して評価額を8300万円まで落とすことに成功したとしたら、税額は約500万円まで一気に減ってしまいます。

もちろん、これは先ほどあげた不動産投資のリスクなどは全く度外視した、あくまで計算上の話です。ただ、それでも、手持ちの現金を不動産投資にまわすことで、これだけ節税効果があるんだということだけは実感していただけたんではないでしょうか」

一　郎「ええ、確かに節税効果はすごいですねぇ」

●賃貸アパートを使ったダブル効果で相続税はここまで安くなる！

≪事例≫

土地の購入費用	1億円
アパートの建築費	1億円
計	2億円（A）

借地権割合　50%

借家権割合　30%

●土地の評価額

① 1億円 × 80% ＝ 8千万円……………自用地の評価

② ① ×（1－50%×30%）＝ 6千8百万円…貸家建付地の評価

③ ② × 50% ＝ 3千4百万円……………小規模宅地の評価減

④ ①－③ ＝ 3千4百万円

●アパートの評価

① 1億円 × 70% ＝ 7千万円

② ① ×（1－30%）＝ 4千9百万円……….貸家の評価

●土地・アパートの評価額合計

3千4百万円+4千9百万円 ＝ 8千3百万円（B）

(B)÷(A)＝41.5%！

この結果、税額は3千3百万円から5百万円へ減少！

③ 役員の退職金は同族会社の株価下げと納税資金準備に使える

税理士「ところで、一郎さんはお父様の相続の時に、会社の株を全部継がれたそうですが、将来の相続のことも含めて、今、特に株について考えておられることってありますか?」

一　郎「いや、もちろん、気にはなっているんですが、ついつい日々の仕事に追われて……」

税理士「わかりました。では次に、同族株の評価を切り下げる方法について、お話ししましょう。

同族会社の株というのは、その会社の持っている資産や収益の状況によって、大変高い評価になることがあります。

でも、いくら評価が上がったからといって、他に見るべき財産がない様な場合だと、いざ、相続という時になって、相続税の納税資金に事欠いたり、あるいは、遺産分割協議の場でも、会社経営に関わりのない相続人から、

「同族株なんかもらっても仕方がない！」

なんていう不満も出たりと、まぁ、色々と問題のある資産ではあるんですね。

同族株の評価は、
・その会社の持つ資産の「含み益」
・その会社の過去からの利益の蓄積である「内部留保」
のふたつの要因によって高くなります。

ということは、会社の含み益と内部留保のふたつを減少させれば、あるいは増えないようにすれば株の評価は下げることができるというわけです。

では、その具体的方法について、株のふたつの評価方法に分けて、お話しをしたいと思います。

同族株の評価方法には、
（1）純資産価額方式
（2）類似業種比準価額方式
というふたつの方法があります。

（1）純資産価額方式

この方法は基本的に会社の持つ資産と負債を今、ゼ〜ンブ売ってしまったらいくらになるのかということで会社の株を評価する方法です。

ですから、会社の資産も負債も先ずは「時価」で評価して、その差額でもって株の現在価値を計算します。

この場合の「時価」というのは「相続税評価額」という意味です。

さて、会社の資産と負債の差額が純資産ですから、これを下げようと思ったら、その資産を減らすか、あるいは負債を増やすしかありません。

資産を減らす方法としては、ひとつは不動産の購入があります。土地であれば、時価の80％、建物であれば時価の70％評価になるということは、繰り返しお話しして来た通りです。

これは株の評価をする場合も同じです。

1億円の土地を購入すれば現金が1億円減ります。

増えた土地の相続税評価額は約8000万円になりますから、差引2000万円分、財産が減ったことになります。

当然、この土地を他人に貸せば「貸宅地」、マンションを建てて貸し出せば「貸家建付地」として、さらに評価を下げることができるということは前にもお話しした通りです。

ただし、ここで注意すべき点がひとつだけあります。それは相続開始前3年以内に取得した土地や建物は相続税評価額ではなく、その時の通常の取引価額によって評価されてしまうということです。

つまり、そろそろ相続が現実味を帯びてきた段階で、あわてて買った土地や建物については税務上の恩恵が受けられないということです。相続対策は早め早めの対応が必要だというのはこういうことなんですね。

資産を減らす方法としては他にも、

・会社の不良在庫を処分する

・事業用としてすでに使用していない機械などの固定資産を処分する

・売掛金や貸付金などのうち不良債権についてはその回収不能分を控除する

といった方法があります。

一方、負債を増やす方法としては、被相続人に対する役員退職金の未払計上があります。

役員退職金は株の評価を引き下げるとともに、法定相続人ひとり当り500万円の非課税枠が使えますから、一郎さんの場合だと、奥さんとお子さん3人の計4人で2000万円まで非課税扱いとすることができます。

つまり、役員の退職金対策は株価引下げ効果と相続税の納税資金の準備という、ふたつの面で大いに利用できるというわけです。

(2) 類似業種比準価額方式

さて、同族株のもうひとつの評価方法である類似業種比準価額方式の場合はどうでしょうか。

こちらの方法はちょっと計算が複雑ですが、要は自分の会社の儲かり具合と上場企業の儲かり具合とを比較して株の評価をしようという方法です。

具体的には、自分の会社の「配当」「利益」「純資産額」の3つを、上場会社の「配当」「利益」「純資産額」で割って、その割合を上場会社の平均株価にかけて計算する、という方法です。

ちなみに、この場合の「純資産額」は帳簿上の数字のことで、(1)の純資産価額方式の様に「含み益」は考慮しません。

なぜ儲かり具合の比較かというと、「配当」は利益がなければできませんし、「利益」はそのものズバリで、最後の「純資産額」は過去の利益の蓄積、つまり「内部留保」だからです。

ということで、評価額を引き下げるためにはその会社の利益自体を引き下げる対策が必要となります。

そのためには、

・役員退職金を支払う
・保険料が費用処理可能な生命保険に入る
・含み損のある土地や上場株を売却する
・不良在庫を処分する
・不良債権を貸倒れ処理する

といったことが考えられます。

もっとも、利益を引き下げる対策というのは、本来の会社経営の目的とはあい矛盾するやり方ですから、ウカツにやって後で手痛いしっぺ返しを食らうことがない様、慎重な判断が必要であることは言うまでもありません」

一　郎「ンーー、これはひとつ、本腰を入れて考えていかなくちゃいけませんね」

●同族株の評価方法

■純資産価額方式

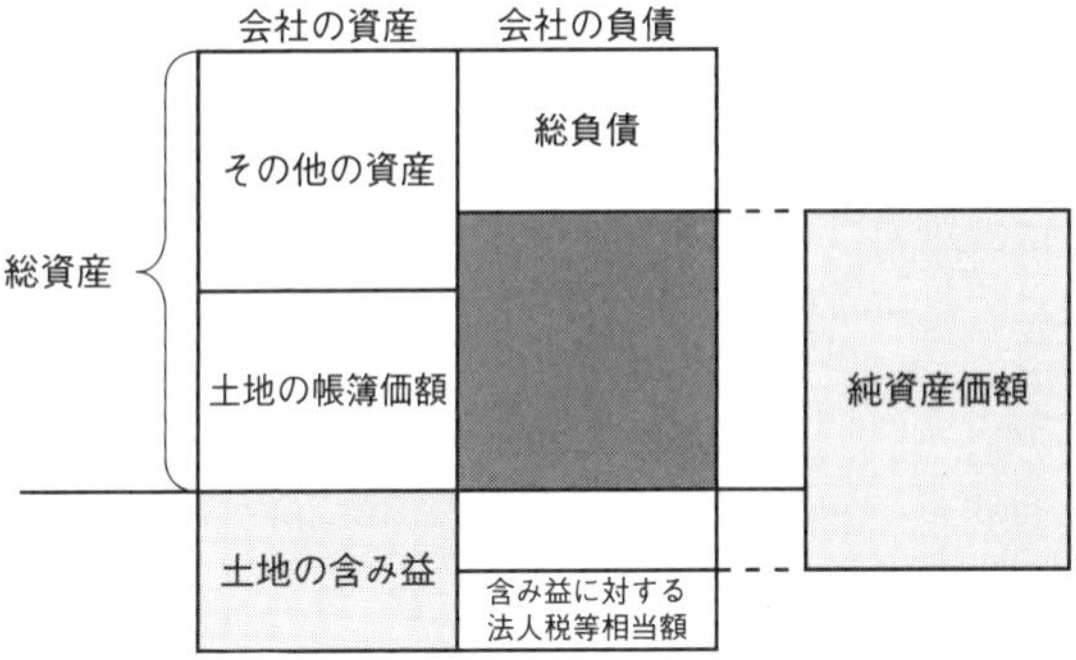

≪簡単に言うと･･･≫
会社の資産と負債を時価評価してその差額で評価する方法

■類似業種比準価額方式

自分の会社を(A)、自分の会社と同業種の上場会社(B)とすると･･･

$$\text{(B)の株価} \times \frac{\dfrac{\text{(A)の配当}}{\text{(B)の配当}} + \dfrac{\text{(A)の利益}}{\text{(B)の利益}} \times 3 + \dfrac{\text{(A)の純資産}}{\text{(B)の純資産}}}{5} \times 0.7$$

$$= \text{類似業種比準価額}$$

≪簡単に言うと･･･≫
同じ業種の上場会社の株価を取り込んでその会社の株を評価する方法

④ 即効性が高い、養子縁組の制度を利用して相続税を安くする法

さて、財産の評価を下げる対策の次は、いよいよ、節税対策の最後、

・法律上の制度を利用する戦略

です。さて、その最初のテーマは養子縁組です。

養子とは「具体的な血縁関係とは無関係に人為的に親子関係を発生させること」をいいますが、一般的なイメージとしては、男子に家を継がせるためのいわゆる婿養子といったものを想像される方が多いと思われます。

次郎さんたちも、養子縁組といえば何となくそんなイメージしか思い浮かびません。

税理士「そうですね。養子縁組という言葉はみなさんよくご存じでも、相続とは何となく結びつかない、そんな感覚をお持ちなんだと思います。

相続税は相続財産の合計から先ず、基礎控除額を引いて、それがプラスならば課税、マイナスなら課税はなしということでしたね。

で、その基礎控除額は、

3000万円＋法定相続人の数×600万円

という計算式で計算されますから、基礎控除額を増やすためには、法定相続人の数を増やせばいいということになります。

民法上は、養子が何人いようと、すべて法定相続人という扱いになりますが、税務上はそれを認めてしまったら、カタチだけ養子の数を増やして、税金を逃れようという人達が増えてしまって困りますから、養子の数については次の様な制限を設けています。

実の子が1人以上いる場合　養子の数はひとりまで
実の子がいない場合　　　養子の数はふたりまで

養子がひとり増えれば、基礎控除額は600万円増えます。実の子がいない場合で養子がふたりいれば1200万円増えます。

養子の効果は基礎控除額を増やすことだけではありません。相続税の計算は、相続財産をいったん、法定相続人が法定相続分で分けたという前提で計算しますから、養子縁組によって相続人がひとり増えれば、ひとり当りの財産価格が減って、結果的に、低い税率での税額計算が可能になります。

次郎さんのお母様が仮に2億円の財産をお持ちだとして、法定相続人が一郎さんと次郎さんの2人だけの場合、相続税は約3300万円になります。

では、お孫さんのどなたかを養子にして法定相続人が3人となったら、税額は約2400万円となって、実に900万円近く税金を減らすことができます。大変な節税効果ですね。

養子縁組の効力は、養子縁組の届出書が受理された時から発生します。また、手続きもそれほど複雑ではありませんから、最も即効性の高い相続対策といえるわけです。

ただ、長男の嫁を養子にする、あるいは孫を養子にするというやり方は、相続税対策としては効果的でも、何となく心理的な抵抗感があるものです。また、相続対策としては、むしろ、親族間に不要な「争続」の原因を作ることにもなりかねません。実行に際してはそこら辺のリスクを十分に検討する必要がありますね」

⑤ 自宅を「妻」の名義にして、財産を減らさずに節税する戦略

一　郎「制度を利用する方法には他にどんなものがありますか？」

税理士「一郎さんも、次郎さんも、今お持ちの財産の名義はそれぞれご自分のものであっても、やはり、奥様の協力があってはじめて手にすることができたわけですね。そこで、税務には奥様の長年の貢献に報いるための制度が用意されています。

で、そのひとつが、

贈与税の配偶者控除

という制度です。これは、

・結婚して20年以上経過した配偶者から
・居住用の土地や家屋またはそれらを取得するための資金の贈与を受けて
・翌年3月15日までに、その居住用不動産に居住を開始した場合

は、贈与された財産のうち2000万円までは贈与税がかからないという制度です。

しかも、この制度は通常の贈与税の基礎控除額110万円とは別に使えますから、合計

で2110万円までは、無税で自宅の全部または一部を贈与してもらえるというわけです。贈与する財産は現物の不動産でもよければ、お金であってもかまいません。ただ、何度もお話している様に、現金であればそのままの評価ですけど、土地は買った値段の80%、建物は建築価格の70%評価ということになりますから、断然、現物の方が有利です。

たとえば、一郎さんに万が一のことが起こった場合で考えてみますと、相続人は奥様のアキ子さんとお子さん3人の計4人ですから基礎控除額は5400万円となります。財産はご自宅が2000万円、現金その他の財産が5000万円だとしましょう。何もしなければ、差引1600万円が相続税の対象となってしまいます（小規模宅地等の特例の適用はないものという前提です）。しかし、ここで奥様に自宅を贈与すると、評価額は2000万円で贈与税の配偶者控除以下ですから、無税で自宅をご自分のものにすることができます。

しかも、残った財産の5000万円は相続税の基礎控除額以下となりますから、こちらも無税で、お子さん達が全部相続することができるというわけです。

今、現に暮らしている自宅の名義を奥様に変えてしまっても、物理的にご自分の財産が減ってしまうわけではありませんから、それを考えたら大変有利な制度ということがいえます。

また、この制度のメリットはそれだけではありません。通常の贈与であれば、相続開始前3年以内の贈与は、相続時にあらためて相続財産に足し直して相続税の計算することになっていますが、贈与税の配偶者控除の対象となった財産については、そのようなことはありません。

また、居住用不動産を売った場合の譲渡益については３０００万円の特別控除という制度がありますが、不動産を夫婦の共有名義にしておけば、夫婦それぞれにこの特別控除の適用を受けることができます。つまり、合計６０００万円までの譲渡益に対し税金がかからないというメリットもあるわけです。

ただ、この特例の適用を受けるためには、土地は「家屋とともに譲渡すること」が条件です。居住用不動産を配偶者に贈与する場合には、土地だけではなく、家屋も一緒に贈与することを決して忘れないでくださいね」

一　郎「なるほど、自宅なら名義を家内に変えても、実態は何も変わりませんから、これを利用しない手はありませんね」

⑥ 相続税の配偶者軽減を利用して相続税をゼロにする戦略

税理士「さて、法律上の制度を利用して相続税の節税をはかる戦略の最後は「配偶者に対する相続税額の軽減」です。

この制度は、ひと言でいうと、配偶者が相続によって取得した財産が、法定相続分（子供がいる場合で全財産の2分の1）以下であれば、どんなにたくさん財産をもらっても相続税はゼロになるという制度です。

具体的には、相続で取得した財産のうち、

(1) 1億6000万円

(2) 配偶者の法定相続分相当額

のどちらか多い方までは、相続税はかからないという制度です。

こちらも先ほどの「贈与税の配偶者控除」と同様、個人の財産形成に対する配偶者の長年の貢献に報いるための制度というわけです。

たとえば、一郎さんに相続が発生した場合の相続財産が2億円だったとしましょう。法定相続分は2億円の2分の1で1億円になりますが、この場合は（1）の1億6000万円の方が大きいですから、その金額までは奥様は無税で相続財産を手にすることができます。

相続財産が4億円だと、法定相続分はその2分の1の2億円で、1億6000万円よりも大きくなりますから、今度は2億円までは無税で相続財産を手にすることができるというわけです。

もちろん、奥様が手にした財産は、いずれそう遠くない将来に発生する次の相続で再び相続税の対象となります。しかし、その時は、もう一度、お子さんたちの数に応じた「相続税の基礎控除額」が使えますから、トータルでの税負担は「配偶者に対する相続税額の軽減」制度を使った方が有利にはたらきます。

ただし、これは、奥様がその相続でもらった財産以外に、ご自身の固有の財産を持っていないという前提でのお話しです。実際の有利不利の判断については、様々な条件でのシミュレーションが必要となります。

ところで、この制度を利用するにあたって、一番のポイントは、相続税の申告期限（相続開始から10ヶ月以内）までに相続人の間で遺産分割の協議がまとまらない場合は、この適用を受けることができないということです」

一　郎「え！　じゃあ、その時はどうなるんですか？」

税理士「はい、その時は、法定相続分で財産を分けたことにして、とりあえず申告期限までに申告書を提出することになります。それでも3年以内に分割協議がまとまれば、その時点で税額軽減の適用が受けられることになってはいますが、最初の話し合いがまとまらない時は、いったん、あたり前の税金を一度は払わされることになるというわけです。どうですか。山田家では話し合いは期限までにちゃんとまとまりそうですか？（笑）」

一郎・次郎「……」

6章

自宅や事業用の土地は80%安くできる!

相続税は個人が持っている財産を対象とする税金ですが、その財産の中には残された家族の生活の基盤となるものもあって、これにストレートに課税した場合はその家族の生活が立ち行かなくなる——ということがありますから、様々な税制上の優遇処置が設けられています。

で、その代表格が、この章でお話しする「小規模宅地等の特例」です。この制度の内容をズバリひと言で言うと、

自宅や事業用の土地の評価額は80％減額できる！

というものです。

たとえば、次郎さんの財産が居住用の土地1億円とその他現金などの財産が2000万円あったとします。

相続人は奥さんと子供2人の計3人ですから、基礎控除額は、

3000万円＋600万円×3人＝4800万円

です。仮に、この特例制度がなかったとしたら、課税対象となる財産は、

1億2000万円－4800万円＝7200万円

で、この場合の税額は全体で930万円にもなってしまいます。

次に、この特例の適用を受けた場合は、土地は80％減額されて２０００万円まで評価を落とすことができます。そうするとその他の財産２０００万円を足しても課税価格は４０００万円にしかならず、基礎控除額を下回ってしまいますから、結果として相続税はかからないということになります。

この制度の適用を受けられるかどうかは相続人にとって、きわめて大きな意味を持つということが、この計算例でもお分かりいただけるかと思います。

特例の対象となるのは被相続人の自宅用土地や事業用の土地です。残された家族の生活や経済的な基盤となる財産ですから、相続についても一定の配慮がなされていることは当然として、それだけにこの規定の適用を受けるためにはいくつもの条件をクリアする必要があります。

加えて、冒頭、改正のところでもお話しした様に、すでに平成22年に自宅用の土地については大変きびしい改正がなされています。次郎さんも一郎さんもともにこの制度についでは大変強い関心を持っています。

というわけで、先ずは、居住用の土地についてのお話しからスタートです。

居住用の土地の評価減。80％オフの仕組はこうなっている

税理士「この「小規模宅地等の特例」制度というのは、自宅や事業用の土地の評価を80％減額できるという制度ですから、相続人にとっては大変ありがたい制度なんですが、同時に、その適用を受けるために必要な要件等が結構、複雑で、一般の方には大変わかりにくい制度でもあるんですね。

ということで、今日は、その辺のところをなるべくわかりやすく、お話ししようと思っています。

制度の概要については、先ず、図（165頁）の方をご覧になって下さい。対象となる土地は3つありますので、順を追ってお話しして行きましょう。

先ずは自宅用の土地ですが、広さは330㎡まで、坪にするとちょうど100坪までであれば80％の評価減を受けることができます。

個人の住宅で100坪といえば相当の広さですから、大抵の家が敷地の全部についてこ

の適用を受けることができるんじゃないでしょうか。で、次に、どういう人がその土地を相続した場合にこの適用が受けられるかというと、

①配偶者
②同居していた親族
③生計を一にしていた親族
④借家住まいの別居親族

ということになっています。

次郎さんや一郎さんの場合ですと、もし、ご自身に相続が発生しても、奥様が現在のご自宅の土地を相続されればこの適用が受けられます。

では、奥様ではなく、お子さんたちがその土地を相続したらどうでしょうか。残念ながら、お2人のお子さん達はもうみなさん独立されていますから、②の同居親族や③の生計を一にしていた親族には該当しません。つまり、自宅用の土地は一切評価減が受けられないということになります。

問題は④の借家住まいの別居親族です。

これはどういうことかというと、母親が田舎でひとり暮らしをしていたとしますね。で、その母親が亡くなったという場合に、東京で賃貸アパートに住んでいた息子がその母親の土地を相続することになりましたという場合だったら、80％の評価減が受けられますよということです。

つまり、

・被相続人である父親か母親がその家にひとり住まい（同居親族がいない）していて
・相続人がその家とは別の場所に借家住まいしていた場合に
・その相続人が被相続人の居住用の土地を相続した時

は特例の適用を認めましょうということになっているというわけです」

次　郎「じゃあ、私や兄の場合だと子供たちはこの特例が受けられないということですね？」

税理士「お2人の相続が発生した時に、奥様がまだ健在か、お子さん全員が持ち家に住まわれているという前提でしたら、その通りです。

日本人の平均寿命は女性の方が男性よりも10歳ほど長い上に、今は昔と違って、成人した子供たちが親と一緒に住むということはなかなか少ないですから、そうなると、夫に相続が発生した場合も、奥さんの方はまだ健在で、子供たちはそれぞれ別のところで生活しているというパターンが一番多いんじゃないでしょうか。

そうなると、年老いた母親が自宅の土地を相続する場合しか特例が受けられないってことになるわけですから、何ともやり切れないものを感じてしまいますね」

次　郎「では、仮に、私が妻に先立たれた状態で相続が発生したらどうなりますか？」

税理士「奥さんが亡くなって、次郎さんが今の場所にひとり住まいしていたと。で、相続が発生したという前提ですね。

その場合でも、お子さんはお2人ともそれぞれに持ち家にお住まいですから、そのままでは特例の適用は受けられません。

では、どうしたらいいか。

手はふたつあります。

・お子さんのどちらかが自分の持ち家を売って、次郎さんと同居を開始する。

・お子さんのどちらかが自分の持ち家を売って、借家住まいに変わる。

最初の方法は仕事の関係やお子さん（次郎さんから見てお孫さん）の教育の問題があり

ますから、まぁ、そう簡単にいく話ではありませんね。

2番目の方法は、借家住まいに変わるだけで、相続した土地を申告期限まで保有さえしていれば、次郎さんと一緒に住む必要はありませんから、最初の方法に比べたらまだ、現実味はあります。

ただし、この場合ひとつ条件があります。

それは、
・その借家住まいが相続開始の3年より前にスタートしていなければいけない
ということです。

つまり、次郎さんの相続がいよいよ現実のものになりそうだという段階になって、たとえば、息子さんがあわてて自宅を売ってアパートに移り住んでも、この特例の適用は受けられないということです。

つまり、自宅の土地の評価が高いと思ったら、よほど計画的に節税対策を講じておかないと特例の適用は受けられないというわけですね」

一郎・次郎「……」

●小規模宅地等の特例

対象となる土地	相続する人は？	減額割合	限度面積
自宅の土地	①配偶者 ②同居していた親族 ③生計を一にしていた親族 ④借家住まいの別居親族 ≪条件≫ ②&③は・・・ 申告期限まで保有・居住 ④は・・・ 申告期限まで保有	80%	330 m^2
事業用の土地	親族 ≪条件≫ 申告期限まで保有・事業引継ぎ	80%	400 m^2
アパート・駐車場用の土地	親族 ≪条件≫ 申告期限まで保有・事業引継ぎ	50%	200 m^2

(注1) 親族＝6親等内の血族、3親等内の姻族

事業用の土地の評価減。ただし、貸付用の土地には気をつけろ！

税理士「では、次に事業用の土地についてのお話しをしたいと思います。事業用の土地というのは具体的には次の様な土地のことをいいます。

・被相続人の事業用に使われていた土地
・被相続人と生計を一にしていた相続人の事業用に使われていた土地
・被相続人やその親族が株の50％以上を持つ同族会社の事業用に使われていた土地

で、こういった土地を被相続人の親族が取得した場合は80％の評価減を認めようという制度です。

ただし、相続税の申告期限までその土地を保有し、かつ、申告期限までその事業を営んでいることが条件です。限度面積は４００㎡、坪にして約１２０坪までが特例の対象となります」

一　郎「うちは、自宅用と同族会社の土地と両方あるんですが、こういう場合は？」

税理士「それについては冒頭、改正のところでもお話しした様に、両方の土地があっても、自宅用（330㎡）、同族会社の事業用（400㎡）、合わせて730㎡まで、80%評価減の適用を受けることができるようになりました。

以前は、事業用と居住用、合わせて400㎡までという制限があったんですが、これが今回の改正でなくなったというわけです。

会社経営者にとっては大変ありがたい改正内容といえますね」

一　郎「ええ。それと、私はこれから賃貸アパートの方もやってみようと思うんですが」

税理士「そうですか。もちろん、賃貸アパートの敷地もこの制度の適用を受けることができます。

ただし、アパートや駐車場用の土地は、いわゆる「貸付事業用」といって、一般の事業用の土地とは別のくくりになっています。減額割合も50%まで、面積も200㎡、坪換算だと約60坪までという様に、前のふたつに比べて特例の内容もかなり小ぶりなものになっています。

しかも、前のふたつの土地と同時に適用を受ける場合には、面積についても一定の調整を受けることになります。

それと、もうひとつ気をつけたいのは、駐車場の場合、対象となるのはあくまでアスファルトやコンクリート敷きといった一定の工事を行ったものに限られるということです。いわゆる青空駐車場ではこの特例の適用は受けられません。

あまった土地があるから、とりあえずそのままの状態で貸しておこうといった状態ではダメだということです。

また、最後になってしまいましたが、この制度を利用して土地の評価をドーンと落とすことができた結果、相続税をゼロにすることができたとします。

でも、たとえ税額はゼロになったとしても、相続税の申告書は期限までにちゃんと提出する必要があります。

申告書の提出を条件にこの特例の適用が認められているからです。

それと、これは第2章のところでもお話しした様に、やはり申告期限までに遺産分割協議がまとまっていない場合は、この特例の適用は受けることができません。繰り返しになりますが、くれぐれもこのことはお忘れにならないようにお願いしますね」

一　郎「わかりました」

親の介護が必要になった時、小規模宅地等の取扱いはどうなる！

税理士「ところで、お母様の花子さんは、今は元気にひとり暮らしをされていますが、お年のことを考えると、いずれは一郎さんのところに引き取るとか、あるいは、どこか施設のお世話になるといったことが考えられます。

そこで、次は、そういった将来予測される様々な事態について、この「小規模宅地等の特例」制度の適用がどうなるかということについてお話しをしていきたいと思います。

で、先ずは、この規定でいうところの「被相続人の居住の用」というのは何かというお話ですが、基本的にはその方の生活の拠点としていた場所ということになります。

つまり、一時的な仮住まいの場所ですとか、別荘なんていうのは対象にはならないということです。

では、お母様が入院された場合はどうなるでしょうか？」

一　郎「入院だけだったら、今、母が住んでいる自宅が居住用ってことになりますよね」

税理士「ええ、その通りです。

では、お母様が長期間入院されて、退院することなくその病院で亡くなられたとしたらどうでしょう?」

一郎「退院することなく亡くなったら――というのが何となく気になりますね」

税理士「そうですね。でも、そういう場合であっても、税務では、お母様がそれまでお住まいになっていたご自宅を居住の用に供されていたものとしてよいという取扱いになっています。

この場合、入院期間の長短は関係ありません。

では、今度は、お母様が病院ではなく、高齢者のための施設に入られた場合の取扱いはどうでしょうか。

例えば、お母様が特別養護老人ホームに入られた場合、自宅は完全な空き家となってしまいますが、特別養護老人ホームは、常に介護を要する人が自宅で適切な介護を受けられない場合に入所するための施設ですから、病気等の治療のために入院した場合と同様のものということで、この特例の適用を受けることができます。

では、次にいわゆる有料老人ホームの取扱いはどうでしょうか。実は、有料老人ホームは、これまで所有権や終身利用権を取得しているものについては、入居者にとっては終の棲家ということで、特例の適用が受けられませんでした。

でも、この部分が今回の税制改正で大きく緩和されました。緩和の内容は、たとえ終身利用権を取得したものであっても、

・被相続人に介護が必要なため入所したものであること

・自宅が貸付用などの用途に使われていないこと

という条件を満たす場合は、特例の適用を受けることができるようになったというわけです」

一郎「では、母の自宅を2世帯住宅に改修した場合というのはどうでしょうか？」

税理士「2世帯住宅にも色々なパターンがあるようですが、一般的には、たとえば、1階に親が住んで、2階に子供夫婦が住むといったパターンが多いようですね。しかも、家の中はお互いのプライバシーに配慮するという意味で、両者の行き来ができない作りになっていて、用がある時はお互いの玄関から入るしかないといった、いわゆる「完全分離型」になっているようです。

ところで、居住用宅地等の特例の適用を受けるためには、

・被相続人と「同居する」親族が、被相続人の土地を取得すること

という条件があります。

では、そういったお互いに行き来ができない状態で暮らしている親子をはたして同居しているといえるのかどうかということです。

結論からいいますと、この点も、今回の改正で大きく納税者有利に変わりました。改正前は、「完全分離型」はほぼ特例の適用ができず、家の中に設けた階段などによって互いの行き来ができるタイプのものしか特例の適用が受けられないといった様に、いささか杓子定規に過ぎる規定の仕方になっていたわけです。

しかし、改正後は「完全分離型」の住宅であっても、残された家族が相続によって取得した土地のうち、被相続人とその家族が居住していた部分に対応する部分を特例の対象とすることができるように変わりました。

つまり、今お住まいのお母様のご自宅を「完全分離型」のものに改修して、たとえば2階に住むことになった一郎さんがその土地を相続で取得した場合でも、土地の全体について80％評価減の規定が受けられるようになったというわけです」

仏壇やお墓、増改築費…相続財産は前倒しで使ってしまえ！

税理士「さて、ここで「小規模宅地等の特例」の話からはちょっと離れますが、親はまだ元気なんだけれども、そろそろ相続の話もお互いにできるようになったという場合ですね。こういう場合は思い切って相続財産を前倒しで使ってみることを提案するというのもひとつの手ですね」

一　郎「相続財産を前倒しで……ですか？」

税理士「そうです。

相続財産を前倒しで使うというのは、普通であれば、相続後に支払いが発生するであろう費用を前もって支払ってしまうということです。もちろん、各家庭ごとで事情は異なりますし、まぁ、それほど大きな効果をもたらすものではないかも知れませんが、ただ、それでもそれなりの効果は期待できると思いますよ。

先ずは、仏壇や神棚、お墓などで必要なものは相続財産の中から支払ってしまうことです。相続がいったん始まってからでは、そういったものにいくらお金を使っても、相続税の節税には一切貢献しません。もちろん、他の所得税や何かの経費にすることもできません。

税務上は仏壇など「日常礼拝の用に供しているもの」は非課税扱いとなりますから、その分、現金で保有しているよりも断然有利です。

じゃあ、いっそのこと純金の仏像を買ったらどうかというのはこういう場合よく出てくる話なんですが、税務上、仏壇や神棚についてはこれを「日常礼拝の用に供している」限りは非課税という決まりになっています。

いくら「純金製だから」とか「高価だから」という理由だけで、課税対象にすることは原則できません。

ただ、まぁ、そんな仏像が何体もあったり、あるいは倉庫の奥深くに大事にしまってあったりすれば、少なくとも「日常礼拝の用に供しているもの」とは言えませんから、そういう場合であれば、「仏像だから非課税じゃないか」という言い訳は通用しないと考えた方がいいでしょうね。

何れにしろ、仏壇やお墓にかかった費用は相続が開始した時点ですでに現金で支払い済みであることが必要です。

借入金や費用の未払い分というのは本来、「債務控除」といって、相続財産から引くことができますが、そういった資産にかかる未払金は、もともとの資産自体が非課税であり、相続財産としてカウントされることはありませんから、費用の方だけ「債務控除」というわけにはいかないということです。

仏壇・仏具以外でしたら、相続予定の自宅などの資産について、いずれ必要になるであろう修繕費や増改築の費用を前もって相続財産の中から支払っておくことです。

建物は増改築部分であっても本来、固定資産税評価額に反映されますが、一定規模以上の改築等でない限り、支払った金額がその評価額に反映されることはありませんし、たとえそうなったところで、評価額は支払い金額を大きく下回ります。

また、被相続人の土地を誰が相続するか決まっていて、相続後に売却することも決まっているのであれば、その土地をあらためて測量して、境界線を確定する必要がありますから、その費用も前もって支払っておくことは節税対策として効果的ですね」

一　郎「なるほど。一度、ちょっと考えてみる必要はありそうですね」

親に判断能力がある時、任意後見制度は使い勝手がいい

税理士「そうですね。ところで、お母様がこれから遺言書を書かれるにせよ、お子さんやお孫さんに贈与をしていかれるにせよ、それはご本人の判断能力、意思能力があってこそのお話しですから、そこは非常に大事なポイントとなるところなんですね。

たとえば、認知症の方などが、色々な契約や遺産分割などの行為をする場合に、判断能力が不十分なために自分ではそういったことが行えない場合というのがあります。

そういった判断能力が不十分な方の代わりに、家庭裁判所に任命された後見人などが、本人にかわって財産管理ですとか様々な契約を行う制度があります。これを、

成年後見制度

といいます。で、この制度は大きく次のふたつに分かれます。

(1) 法定後見制度

すでに本人に判断能力がなくなってしまっている場合に、申立によって家庭裁判所が成年後見人などを選任する制度です。保護が必要な程度に応じて後見、保佐、補助の3つの

類型があって、それぞれ成年後見人、保佐人、補助人というのが選任されます。

・後見　判断能力がほとんど無い場合　　　成年後見人
・保佐　判断能力が著しく不十分な場合　　保佐人
・補助　判断能力が不十分な場合　　　　　補助人

(2) 任意後見制度

今はまだ判断能力は衰えていないという方が、将来、そういった事態になった場合に備えて、あらかじめ自分が選んだ方を後見人（これを任意後見人といいます）として決めておく制度です。この場合、家庭裁判所は、任意後見監督人を選任して、その任意後見人を監督していくことになります。

では、お母様が今、色々な相続対策、たとえば、不動産投資ですとかお子さんやお孫さんに対する生前贈与といったことを考えておられたとしますね。でも、残念ながらその途中段階でお母様の判断能力がなくなってしまったとします。

じゃあ、そこで、今いった「法定後見制度」を利用して、選ばれた後見人が残りの対策を続けてやっていけるかというと、それはできないんですね。

なぜなら、本人の財産を保全することが後見人の役割ですから、贈与だとかの行為は利益相反行為といって、原則できないことになってしまいます。つまり、いわゆる相続対策というのは、相続人のための対策であって、財産の所有者たる本人の利益にはならないという、そういう理由でできなくなってしまうんですね」

一　郎「じゃあ、そういう場合はどうすればいいんですか?」

税理士「そういう場合に使えるのが2番目の「任意後見制度」です。こちらは、本人がまだ判断能力がある段階で選んだ後見人に、自分の財産についてその保存や管理、それに処分といったことを、自分の意思として託すことができます。

この場合、後見人の行為については、違法性がないかとか妥当性はあるかといった監督人のチェックは入りますが、将来、起こりうる事態に備えて、相続対策を継続してやっていけるという意味では、大変使い勝手のいい制度であるということは言えると思います。

では、その任意後見人には誰がなれるかというと、成人であれば誰でもなれます。ただ、破産した人や本人に対して訴訟を起したことがある人は除かれます。また、たとえ親族であってもOKです。もちろん、弁護士や司法書士などの専門家に依頼することもできますし、社会福祉法人などの法人に後見人になってもらうこともできます」

相続税・贈与税関連基本用語が手にとるようにわかる

い

●遺産分割協議

相続財産を相続人でどう分けるかについて行われる話し合い。全員一致が原則。また、相続人がひとりでも欠けた遺産分割協議は無効となる。

●遺留分（いりゅうぶん）

相続財産の最低保障分。直系尊属は全体の3分の1、その他（配偶者や子供）は全体の2分の1が認められている。なお、兄弟姉妹には遺留分は認められていない。遺留分を侵害された相続人は、その侵害をした者に対して、その遺留分の請求（これを減殺請求という）をすることができる。

こ

●固定資産税評価額

固定資産税を計算するための基準となる評価額のこと。固定資産税評価額は時価の70％を基準に決定される。

固定資産税は各市町村が毎年1月1日（賦課期日）現在の土地、家屋等（固定資産）の所有者に対し課税する税金だが、実際の税額の計算は固定資産税評価額に対して一定の調整をした課税標準額を基準になされる。

し

●借地権

借地借家法上の概念で、建物の所有を目的とする地上権または土地賃借権のことをいう。

●借家権

借家人がその建物に継続的に居住することができる権利。主に借地借家法により保護されている。

●終身保険

生命保険のうち契約期間の終了がないもの。被保険者がいつ亡くなっても保険料が支払われるため、相続対策としてよく利用される。保険料のうち一定割合は、将来の保険金支払のために積み立てられることになるため保険料は掛け捨ての定期保険よりも割高となる。

●**受贈者（じゅぞうしゃ）**

贈与を受ける人のこと。贈与をする側は贈与者という。

●**準確定申告**

被相続人が個人事業を営んでいた場合等に、相続の開始以後4ヶ月以内になされるべき所得税の確定申告。

●**親族**

6親等内の血族、3親等内の姻族の総称。血族とは血のつながりのある親族、姻族は婚姻によってできた親族のことをいう。自己から見て親や子は1親等、兄弟は2親等　甥・姪は3親等。6親等はいとこの孫ということになる。

そ

●**相続**

個人の財産など、様々な権利義務をその個人の死亡を原因として、他の個人（相続人）が包括的に承継すること。

●相続税評価額

相続財産は基本的に「時価」で評価され、税金の計算がなされるが、その「時価」で評価された価額を相続税評価額という。ただ、土地や建物などの一定の財産については、いわゆる市場価格よりも低い価格で評価される。また、相続税評価額は原則として、国税庁が定めた「財産評価基本通達」にしたがって計算される。

●相続税法

相続税と贈与税というふたつの税金を規定する法律。したがって、贈与税法という法律は存在しない。

●相続人

亡くなった人の遺産を相続する権利のある人。

●相続の開始

人が死亡することをもって「相続の開始」という。相続の開始と同時に亡くなった人の権利義務は自動的にその相続人に引き継がれる。

●相続の放棄

相続人が遺産の相続を放棄すること。相続開始後3ヶ月以内に家庭裁判所に申述（申し述べること）しなければならない。3ヶ月以内に相続の放棄をしなかった場合は、相続人は被相続人の権利義務をすべて引き継ぐこととなる（これを「単純承認」という）。

●贈与

当事者の一方（贈与者）が相手方（受贈者）に自己の財産を無償で与えることを内容とする契約のこと。双方の意思の確認が必要。

●贈与者

贈与をする人のこと。贈与を受ける側は受贈者（ジュゾウシャ）という。

た

●代襲相続（だいしゅうそうぞく）

本来相続人になるはずだった者が、相続開始以前に死亡等していた場合に、その子や孫がその死亡等した者に代わって相続人となることをいう。

ち

●超過累進税率

課税対象額を一定の金額ごとに区切っていき、それぞれの区分ごとに、それに応ずる税率をかけ合せて全体の税額を計算する場合の税率。相続税や所得税はこの方式で計算される。

（例）相続税の税率　財産が3000万円の場合

（財産価格）	（税率）
1000万円以下	10％
1000万円超3000万円以下	15％

税額は1000万円×10％＝100万円と（3000万円－1000万円）×15％＝300万円の合計400万円となる。

と

●同族株式

法人税法上、上位3位の株主の持ち株比率を合わせて50％を超える会社を同族会社というが、その会社の発行する株式を同族株式という。

な

●内部留保

会社の得た利益から法人税等の税金や配当金を支払った後の残りで、会社内部に留保され蓄積されたもの。

ひ

●被相続人

亡くなった人。遺産を相続される人。

●非嫡出子（ひちゃくしゅつし）

法律上の婚姻関係にない男女間に生まれた子のこと。相続については、父親の認知がなければ相続人となれない。法定相続分は正式な婚姻関係に基づく子（これを「嫡出子」という）の2分の1となっている。

ふ

●含み益・含み損

土地や株などの時価が値上がりした場合の買った時の値段（取得価額）との差額。

購入時の価額が1億円の土地がその後、1億2000万円に値上がりした場合の「含み益」は2000万円となる。逆に8000万円に値下がりした場合は「含み損」が2000万円となる。

ほ

●法定相続人

法律で決められた相続の権利がある人

第1順位　子供、孫（直系卑属）

第2順位　両親、祖父母（直系尊属）第1順位の相続人がいない時に相続人となる。

第3順位　兄弟姉妹　第1順位、第2順位の相続人がいないときに相続人となる。

※なお、配偶者は常に第1順位から第3順位の相続人とセットで相続人となる。

●法定相続分

法定相続人について定められた相続割合

・法定相続人が配偶者と子の場合　配偶者1／2　子1／2（注）

・法定相続人が配偶者と親の場合　配偶者2／3　親1／3（注）

・法定相続人が配偶者と兄弟姉妹の場合　配偶者３／４　兄弟姉妹親１／４（注）
（注）複数いる場合はそれぞれその数で割ったものが各人の相続分となる。

み

●民法

「私人」間の財産関係（売買、賃貸借など）や家族関係（夫婦、親子、相続など）のことを規定する法律。相続については第８８２条から第１０４４条まであり、相続人や相続の効力、遺言といったことについて規定されている。

あとがき

先ずは、本書を最後までお読みいただき、ありがとうございました。

私は2012年（平成24年）12月に「相続税大増税から財産を守る17の裏ワザ」（小社刊）という本を出版する機会を得ました。タイトルからもおわかりの様に、前作もこの本と同様、相続税・贈与税の改正をテーマとしたものです。

しかし、前作の執筆段階では、改正の内容は、あくまで「改正案」にしかすぎませんでした。そして、明けて平成25年、改正の内容が「ようやく」というべきか、「とうとう」というべきか、最終的に確定しました。

「改正案」では、取り上げられていながら、最終的には消えていったもの、逆に、「改正案」の段階では予想だにしなかったものが、あらたな仕組みとして誕生といったこともありました。

後者の代表的なものには、教育資金を一括贈与した場合の、贈与税の非課税の規定があります。今までにも、その都度、必要に応じた教育資金の贈与は無税で行えたものの、1500万円という大金を一度に無税で贈与できる制度は画期的です。今、これをビジネスチャンスと、信託銀行などの金融機関がさかんに顧客の囲い込みをやっていることは多くの方がご存じのことと思います。

今回の相続税・贈与税の改正では、一方で相続税の基礎控除額の大幅カットがあり、もう一方では贈与をより実行しやすくするための環境整備が行われました。

これは主に高齢者層が抱え込んだ個人の金融資産について、持っていても相続税でとられるだけだから、早く若い世代に渡して有効に使ってもらいなさいという深慮遠謀があってのことといえるのかも知れません。とはいえ、それぞれの規定には細かな要件や手続きがあります。その全体像をよく理解して、次世代への効率的な資産継承を行うことはなかなか大変なことです。

本書では、決定した相続税改正の内容と「贈与」を利用した相続税対策を中心にお話を進めてきました。本書の内容が、読者の皆様の財産承継にとって、いささかでもお役に立つ事があれば、私にとって望外の喜びです。

最後に、今回も出版の機会を与えて下さった、あっぷる出版社の北原章氏、そして本書の執筆に当り、公私に渡って私の支えとなってくれた妻の君代、父嘉男と母光に心を込めて感謝の言葉をささげたいと思います。

いつも、ありがとうございます！

（小社発行「相続税大増税から財産を守る17の裏ワザ」を併読していただければ、相続税・贈与税について、より一層理解が深まると思います）

著　者

「贈与」を使って
相続税をゼロにする8つの方法

発　行　2013年6月15日第1刷

定　価　本体1500円＋税
著　者　坂本　千足
発行人　北原　章
発行所　株式会社　あっぷる出版社
〒101―0064　東京都千代田区猿楽町2―5―2
小山ビル2F
TEL　03（3294）3780代表
FAX　03（3294）3784
振　替　00150―4―165255

印刷・製本　三松堂株式会社